W0398141

San Felipe
Yucatán

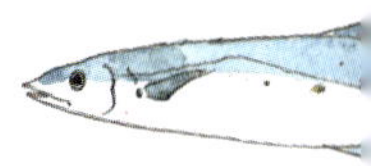

© ELYTIS 2022
13, rue de Domrémy 33000 BORDEAUX
www.editionselytis.com
isbn 978-2-35639-338-8
diffusion harmonia mundi livres

Jano Dupont

San Felipe Yucatán

En eaux profondes avec les pêcheurs locaux

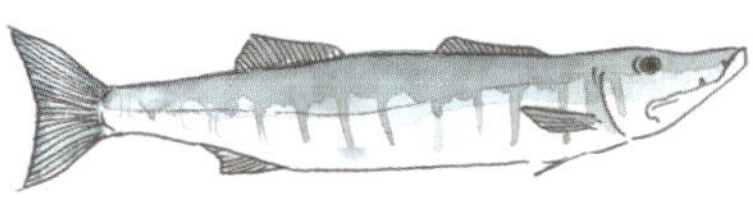

ELYTIS

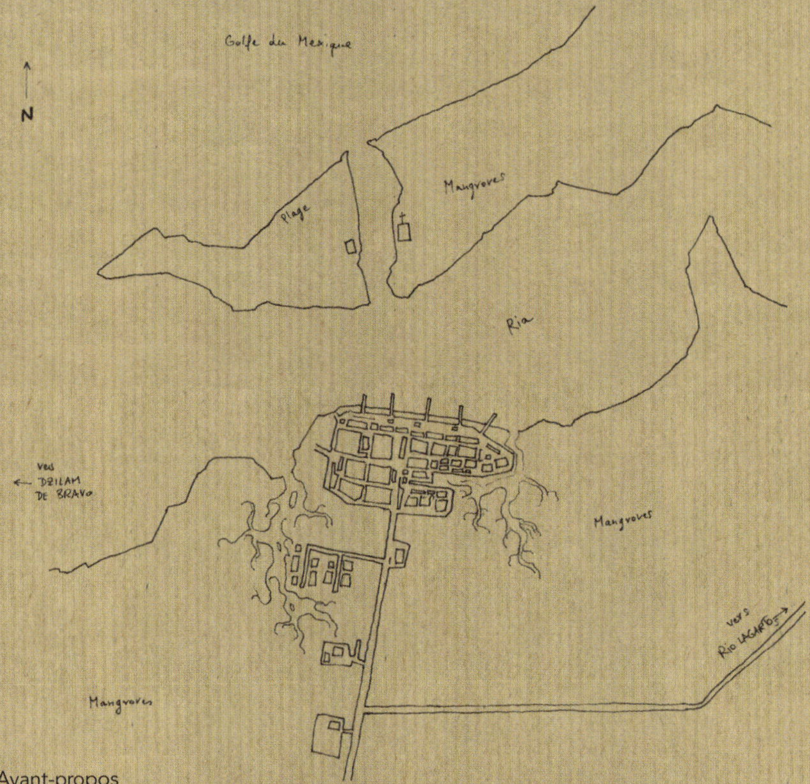

Avant-propos

Nous sommes le 15 janvier 2018, et l'avion décolle de Roissy vers Mérida, au Mexique. Je me demande toujours un peu ce que je vais faire là-bas, alors que je rêvais d'un pays où l'on parlait portugais, après m'être efforcé d'apprendre la langue ces deux dernières années. Étudiant en biologie marine, après deux ans entre Faro, Banyuls et Roscoff, il me faut maintenant réaliser un mémoire sur le sujet suivant : « Le rôle de la cohésion sociale dans le développement durable des services des écosystèmes ». Derrière ce titre un peu abscons, il y a un constat simple : je suis davantage intéressé par la vie des pêcheurs que par celle des poissons, et je voudrais montrer que les liens entre les gens ont tout à voir avec l'environnement qui les entoure. Mais j'ai eu du mal à trouver quelqu'un qui veuille encadrer mon projet, et trois mois après la date limite, j'ai enfin reçu une réponse positive. Une chercheuse de Mérida, la *doctora* Julia Fraga, m'a parlé de ce petit port de pêche dans le nord du Yucatán, où il se passe des choses intéressantes : San Felipe…

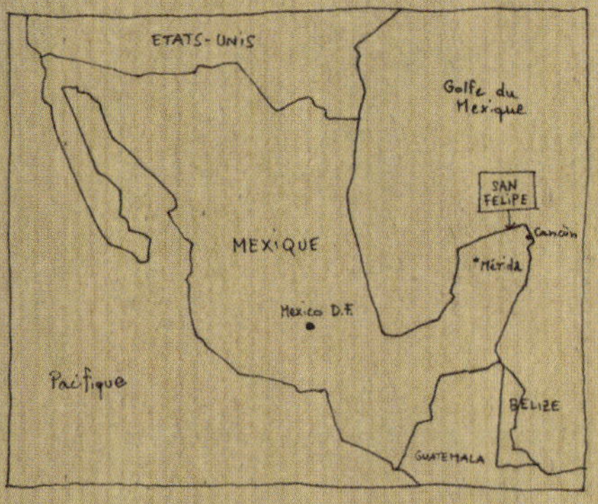

• Doña Morena devant la poissonnerie.

C'est la première image qui me revient de cette histoire ; dans cet autobus lancé à pleine vitesse sur une route étroite et toute droite, traversant des champs de maïs et des prairies, qui se changeaient en une mangrove touffue à mesure que l'on approchait de la côte. Nous n'étions plus que quatre ou cinq à bord, San Felipe est le dernier arrêt avant Río Lagartos, le terminus de ces trois heures de route depuis Mérida.
En pleine nuit, à travers les fenêtres teintées, impossible de deviner quoi que ce soit à part les lumières de quelques maisons perdues dans la plaine.

1. Premier matin avec Doña Morena •

Levé tôt pour ce premier jour à San Felipe, me voilà assis avec Doña Morena sur les marches de sa poissonnerie avec un café dans la fraîcheur du matin. C'est elle qui me loge, dans une chambre juste au-dessus de la boutique. Arrivé tard dans la nuit, c'est maintenant que je fais connaissance avec cette grande dame. À cinquante ans, elle a déjà marqué l'histoire du port.
Elle m'explique d'abord qu'elle est la seule femme à diriger une poissonnerie à San Felipe. L'affaire lui vient de son paternel, Beto, qui habite la bicoque en bois juste à côté, il est trop vieux, maintenant, pour travailler. Morena est devenu la chef de famille. Le travail ici, c'est recevoir le poisson des nombreux pêcheurs avec qui elle travaille, le peser, payer

les pêcheurs, trouver des acheteurs et aller revendre la marchandise. Elle travaille surtout avec les restaurants des alentours et des acheteurs locaux.

Assez vite, je comprends qu'elle n'a pas toujours été assise à attendre que le poisson arrive dans sa boutique. Doña Morena est une pêcheuse reconnue à San Felipe, et elle est longtemps sortie en mer pêcher la *picuda* (le barracuda) ou le crabe de mangrove. Avec sa copine Lourdes, elles furent les premières à braver l'interdiction faite aux femmes de poser un orteil dans une *lancha*, les barques de pêche traditionnelles dans le Yucatán. À force de se cacher sous les filets de son grand-père qui partait pêcher le requin, de persévérer malgré les terribles soufflantes qui tombaient une fois qu'il la découvrait avec lui en pleine mer, la *Morenita* a fini par renverser la tradition. Les mauvais regards des oncles et de leurs amis ont disparu avec l'habitude de voir ces petits bouts de femme, d'à peine seize ans alors, aller pêcher tous les jours pour aider à nourrir leurs familles. C'est comme ça qu'est née la pêche des femmes à San Felipe, car Morena, Lourdes et leurs amies pêcheuses ont transmis à leurs filles leur savoir-faire de cette difficile pêche à la crevette ou au crabe, la nuit dans les mangroves, et ces dernières le transmettent aujourd'hui à leur tour à leurs filles.

Au fil de la discussion j'apprends que Doña Morena a été maire de San Felipe, il y a une petite dizaine d'années. Elle est à ce jour la seule femme à avoir tenu ce rôle. Cette année est celle des élections au Mexique : municipales, fédérales, présidentielles... elles sont toutes regroupées. Sujet sensible semble-t-il, Doña Morena s'est retirée de ces histoires, aujourd'hui elle pense avant tout à son affaire et sa famille.

Je pourrais l'écouter pendant des jours, et creuser dans toutes les directions des sujets qu'elle aborde. Mais les premiers pêcheurs débarquent de leur nuit de travail, et toute la boutique s'active. La suite sera pour plus tard.

• 2. Rencontre avec la famille

Dans les premiers jours, je rencontre la famille de Doña Morena. Plutôt farouches au début, ils m'accueillent petit à petit parmi eux, surtout grâce aux enfants. Ce sont eux qui m'abordent les premiers : ils rentrent dans ma chambre, me questionnent sur mes affaires, mes livres, se mettent à dessiner avec moi, m'emmènent faire des tours dans le village. Peu à peu, la confiance glisse des enfants aux parents, et au bout de quelques semaines, je prends tous mes repas en famille, comme un cousin ou un autre fils.

Arbre généalogique/galerie de portraits :

Tocho : c'est le gendre de Doña Morena, fils de Pelusa, un pêcheur bien connu du port, ex-président de la coopérative des Legitimos,

Tocho
Mimi

. San Felipe Yucatán .
• Doña Morena

où Tocho est devenu *socio*[1]. C'est avec lui que je passe le plus de temps ; il m'emmène pêcher. C'est un grand blagueur, séducteur, toujours à rigoler et se foutre des autres. Je lui dois beaucoup de mon apprentissage de l'argot yucatèque des pêcheurs du coin.

1. En espagnol, « associé », c'est ainsi que l'on appelle les membres des coopératives à San Felipe.

Mimi : la fille de Doña Morena, épouse de Tocho. C'est une redoutable pêcheuse de crabe et de crevettes, formée depuis toute petite par sa mère. Un sacré caractère, qui se fait respecter de tous. Comme Tocho, elle est toujours en train de rire et de blaguer à propos de tout et tout le monde.
Marcial : c'est le fils aîné de Doña Morena. Pêcheur dans la coopérative des Unidos, il m'emmène aussi pêcher, mais le plus souvent embarque avec nous sur la *lancha* de Tocho. Il est plus réservé que Tocho et Mimi, Il parle moins. Il affiche le même calme, un peu sauvage, de sa mère. Au bout de quelques semaines, j'ai l'occasion de discuter plus longuement avec lui, et d'apprécier sa vision réfléchie et profonde des problèmes du port.
Belem : c'est la femme de Marcial. Ce n'est pas une pêcheuse, sa famille a l'air moins liée à la mer que celle de Morena, même si j'ai rencontré son frère Chilingo, qui est aussi pêcheur. Je la connais moins que les autres car elle passe plus rarement à la boutique, même si je la salue quand même régulièrement.
Rebecca : la benjamine des enfants de Doña Morena. C'est une crème, toujours le sourire et très chaleureuse. Elle est souvent à la boutique ; son mari Luis travaille la plupart du temps loin de San Felipe. À la différence de Mimi, elle s'intéresse au fonctionnement de la bodega de Doña Morena, et la seconde souvent aux affaires, en accueillant les pêcheurs et leur achetant le poisson.

Les enfants :
Avant tous les autres ils sont venus vers moi, curieux de voir une nouvelle tête dans leur maison et leur village. Ils sont vite devenus comme mes petits-cousins et cousines. Je leur dois beaucoup.
Jimena, 8 ans : c'est l'aînée de Tocho et Mimi. Toujours de bonne humeur, rigolote et enjouée, partante pour tout et très aidante avec tout le monde. C'est la première que j'ai assaillie de questions sur la vie à San Felipe.
Jairo, 3 ans : le petit frère de Jimena. Un diablotin comme on en voit rarement, une vraie tornade, à toujours avoir à l'œil, car il est vraiment en permanence sur le point de faire une ânerie. Capricieux, rebelle, hilarant et surtout intenable. C'est le petit chouchou de toute la famille, et c'est déjà un personnage réputé du port, à force d'insulter les policiers qui passent à moto, ou d'autres innombrables bêtises.
Gretel, 9 ans : la fille aînée de Marcial. Très gentille et attentionnée, plus timide que ses cousins Jairo et Jimena, un peu à l'image de son père.

COOPERATIVA PESCADORES UNIDOS DE SAN FELIPE
COOPERATIVA LEGITIMOS ADORES
EL POPULAR VASELINA
SUPER MERCADO
PALACIO MUNICIPAL

• Les enfants. De haut en bas : Jimena et José, Pico, Yara et Gretel, Jairo.

Elle aime dessiner, et reste souvent à l'écart, rêveuse.
Yara, 4 ans : petite sœur de Gretel, deuxième fille de Marcial et Belem. Adorable, elle fait craquer tout le monde. Pas la dernière à suivre son cousin Jairo dans ses bêtises, elle est plus casse-cou que sa grande sœur, même si elle est très farouche et ne vient pas d'elle-même discuter, comme Jimena.
José, 8 ans : fils de Rebe et de Luis, c'est un bon petit gars, très gentil et ouvert. Il est un peu râleur et traîne souvent des pieds pour le travail, et les grands le branchent pas mal là-dessus. Il joue au baseball, raffole des jeux vidéos et se balade toujours sur son petit VTT.
Pico, 1 an : deuxième fils de Rebe et Luis, c'est le dernier né de la cousinade. Un petit bout souriant, à l'œil vif qui gazouille sans arrêt. Il marche à peine et ne parle pas encore, mais il est déjà plein d'énergie et semble prendre les traces de son diablotin de cousin Jairo.

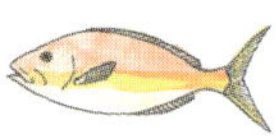

• 3. Balade dans la mangrove

Avec toute la famille, nous allons faire un tour au *sendero*, un sentier en pilotis construit dans les mangroves qui entourent San Felipe. Cette végétation très spéciale est essentielle à mentionner pour comprendre la vie du port. Tocho explique le rôle des mangroves, qu'il connaît très bien grâce à ce que lui ont enseigné les anciens.
Les mangroves (*manglares* en espagnol) de cette région sont composées d'arbustes touffus, dont les racines enchevêtrées plongent dans les eaux peu profondes et saumâtres de la côte, mi-salées mi-douces. Des bras d'eau peuvent remonter assez loin à l'intérieur des terres, et tout cela compose un paysage de marécages. Les ports de la côte nord-est du Yucatán, en particulier San Felipe, ont poussé au milieu des mangroves, et en sont complètement entourés.

• Vue de San Felipe, lorsqu'on arrive par la mer.

• Les jeunes pousses de mangrove.

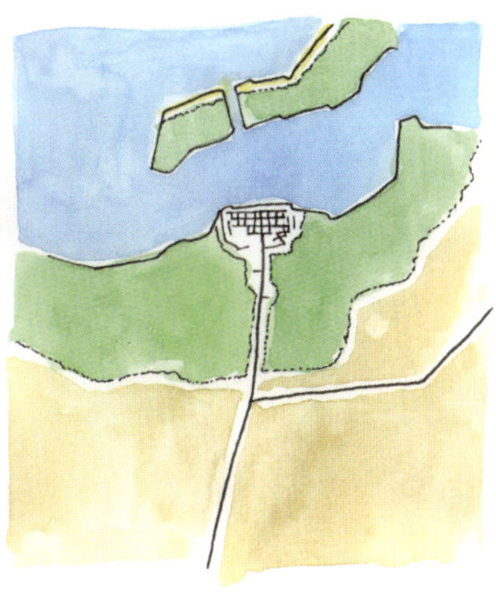

• En vert, la mangrove. San Felipe en est totalement entourée.

• La mangrove abrite une vie foisonnante, au-dessus et en dessous de la surface…

… et fournit un abri sûr pour les *lanchas*.

La mangrove est un écosystème extrêmement riche et productif en termes de biomasse (énormément d'organismes vivent à l'intérieur). Une des raisons principales à cela : le réseau complexe de racines et de branches constitue un abri sûr pour beaucoup d'animaux : poissons, crabes, crevettes, oiseaux, invertébrés. De nombreuses espèces décident ainsi d'y cacher leurs œufs ou leurs petits qui s'y développent avant de rejoindre la mer, comme les barracudas, une espèce fortement pêchée à San Felipe.
En plus de leur rôle biologique, les mangroves sont aussi un allié précieux des habitants de San Felipe face aux *nortes* (les gros coups de vents) et les ouragans. Les pêcheurs cachent leurs *lanchas* dans les bras d'eau qui remontent dans les mangroves, et cette végétation compacte fait bouclier contre le vent et les vagues qui viennent frapper la côte.

4. Féria de San Felipe •

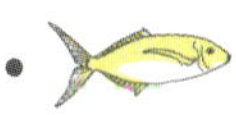

Les fêtes sont des moments importants à San Felipe, et il y en a beaucoup. Quelques jours après mon arrivée, c'était la fête de Saint-Philippe, le patron du port. C'est l'occasion de découvrir les *mestizas*, les femmes habillées de jolies robes blanches à fleurs, et la *harana*, cette danse traditionnelle du Yucatán, tout en légers mouvements et claquements de semelles.

5. Don Feliciano •

« Moi, j'ai été pêcheur aussi, mais avant tout je suis un militaire. J'ai été formé aux États-Unis… et je suis *panista*[2]. Ça, il faut le dire. Ce n'est pas pour rien que j'ai été le *director de protección civil* pendant quatorze ans à San Felipe. Ça fait trois ans que je ne le suis plus, depuis que la nouvelle municipalité est arrivée.
Pendant mon mandat, c'est moi qui ai mis en place les brigades de protection civile. J'ai recruté, initié et formé tous mes gars, et des filles aussi. Il y avait la brigade de premier secours et d'évacuation, la brigade de contrôle des feux, la brigade de cuisine en temps de crise. Oui, car il fallait prévoir la logistique, quand on évacuait tout le monde et qu'on entassait les familles dans l'école et le stade. Grâce à cette organisation, et surtout au lien sacré qui nous unissait dans l'équipe de protection, on n'a pas eu un mort, ni un blessé pendant Isidoro[3]. C'était une question de méthode : je connaissais par cœur le village, les maisons en bois, celles en dur, où vivaient les personnes les plus âgées, et on procédait toujours de la même façon pour évacuer, à plusieurs. Mais c'était surtout la préparation, la connaissance du terrain. Regarde, j'ai tenu des registres, et des cartes à

2. Suiveur du PAN, Partido Accíon Nacional, un des grands partis politiques mexicains, opposé au PRI, Partido Revolucionario Institucional.

3. Ouragan qui a touché les côtes du Yucatán en septembre 2002, l'un des plus ravageurs de ces dernières décennies pour San Felipe et sa région.

• La *harana*, la danse yucatèque.

• Don Feli, ancien du port.

jour, jusqu'à il y a cinq ans. Il y a toutes les maisons, celles des vieux (ceux de l'époque), les réserves d'eau, les bonbonnes de gaz, il y a toutes les infos importantes pour savoir comment agir.
On m'a félicité pour cette gestion d'Isidoro tu sais, j'ai même été invité à donner des conférences sur mes méthodes de protection civile, jusqu'en Espagne. Mais je n'ai pas pu y aller, pour une histoire de passeport.
Voilà, enfin c'est du passé tout ça.
Quand le PRI est arrivé, ils n'ont plus voulu de moi, parce qu'ils savent bien que je suis un *panista* depuis toujours. Il ne me l'a jamais vraiment dit en face, le nouveau maire, qu'il ne voulait plus de moi. Ce que je regrette, c'est le manque de reconnaissance pour mon travail pendant quatorze ans. On verra bien ce qu'il se passera au prochain gros ouragan. Moi de toute façon, je ne donne pas plus de six ou huit ans avant que le San Felipe que j'ai connu disparaisse… Il y a trop de nouvelles têtes qui arrivent avec de la drogue, de l'alcool. Rien que les rues, regarde comme elles sont sales aujourd'hui ! Du temps du PAN, quand la Morena était maire tiens, on avait des nettoyages de rue organisés chaque semaine. Et aujourd'hui, tout le monde se fait sa maison en dur, les maisons en bois traditionnelles de San Felipe disparaissent… Bon c'est plus sûr pour les ouragans cela dit. »

6. Guizar le *bodeguero* •

Guizar, ou Iza (c'est un peu comme on veut apparemment), c'est l'ouvrier de la poissonnerie de Doña Morena. On appelle ça un *bodeguero*. Dans les autres grosses poissonneries de San Felipe ou les coopératives, ils sont toute une équipe.

• Guizar le *bodeguero*.

Guizar vient du Chiapas. Il est parti de chez lui pour trouver du travail mieux payé, d'abord dans l'État de Campeche, à Sabancuy. Là-bas, il a croisé la route de Don Lalo, le nouveau mari de Doña Morena, que je n'ai toujours pas rencontré (il est allé voir sa mère à Champotón, dans l'État voisin).
Ici, Guizar pèse le poisson, reporte ça à Doña Morena, et ensuite il découpe, emballe, congèle, conditionne. Lui, à la base, c'est un petit *campesinos*, un gars des vallées et des champs du Chiapas, loin de la côte et des pêcheurs. Mais ça fait quelques années qu'il n'y a plus de travail et plus d'argent là-bas, et il est allé faire sa vie huit ans durant dans les ports de pêche crades de Campeche, où il est devenu spécialiste du triage de poulpes. Se retrouver à San Felipe, c'était une vraie aubaine. Ici, fini les embrouilles, les coups de feu et l'air vicié d'alcool et de drogue. Ce qui l'a marqué à San Felipe, c'est l'harmonie et le calme, presque ennuyeux pour lui parfois.
Guizar dort dans son hamac, dans le petit local derrière la poissonnerie de Doña Morena, où elle entrepose les moteurs de ses *lanchas*. Il a une vie plutôt solitaire, même s'il est bien tombé chez Doña Morena : repas avec la famille tous les jours et salaire honnête.
De l'autre côté de la petite poissonnerie de Doña Morena se dresse un grand immeuble de deux étages, pas vraiment fini, qui fait de l'ombre aux baraques du port. Là vivent des dizaines d'autres *chiapanecos*, eux travaillent pour les grosses bodegas de San Felipe. Sûrement les mêmes histoires que Guizar : des gars venus chercher du travail, qui viennent de leurs campagnes pour pêcher, envoyer de l'argent à leurs familles restées loin, et qui tuent le temps libre au port en buvant des Tecate Light entre eux. À ce que j'entends des réflexions à ce sujet, cette vague d'arrivée – assez récente apparemment – ne plaît pas à tout le monde à San Felipe. Dans ce petit port si tranquille, on redoute les problèmes que

peuvent amener ces hommes seuls, venus de loin. Les doigts se pointent vite vers la responsabilité des propriétaires des grosses poissonneries, qui les recrutent toujours plus nombreux. Le grand immeuble pas fini, il appartient à l'un d'entre eux : Catarino.
Il faudra prendre le temps de faire le tour de ce sujet : les pêcheurs étrangers à San Felipe. Cela semble être une question sociale majeure dans le port, qui a tout à voir avec l'environnement marin, et l'exploitation de ses ressources.

7. A comer ! •

Qu'est-ce qu'on peut manger à San Felipe, et où ? Voilà deux questions qui se sont vite imposées, comme dans n'importe quel nouveau site où l'on pose ses valises. Voilà donc une petite liste d'endroits dont je suis vite devenu un habitué.
Déjà, les Super Morochos (1), petites supérettes où l'on trouve l'essentiel pour acheter de quoi se nourrir, les légumes, condiments, riz, céréales... Pas vraiment de produits frais là-bas, on se les procure directement chez le pêcheur ou le fermier, ou alors on attend Licha, la bouchère ambulante qui parcourt les rues en scooter en criant dans son mégaphone ce qu'elle a comme viande du jour dans sa glacière.
Les abarrotes, ou tienditas (2), les petites échoppes qui font les coins de la rue principale de San Felipe. Cigarettes à l'unité, chips, biscuits, piles, hameçons, claquettes, les essentiels refrescos : sodas en tout genre, et même des consoles de jeux vidéo branchées dans l'arrière-salle, à 50 pesos la partie de vingt minutes – José y était fourré la moitié de la journée. On y fait des dizaines de passages par jour. Mon préféré, c'est celui de la charmante Doña Flor.
Les lancherias (3), qui ouvrent le soir venu et vendent leurs tacos, le pilier de la nourriture mexicaine : une petite galette de maïs – la tortilla –, qu'on remplit au choix : avec des petits morceaux de porc frits effilochés, de poulet, des oignons, poivrons, un peu ce qu'on veut...
Au bord de la route, juste à côté des *lancherias*, il y a un vendeur ambulant de burgers maison qui a beaucoup de succès (4). Plusieurs fois, je lui achetais trois burgers pour le petit-déjeuner du lendemain sur le bateau, quand on allait pêcher avec Tocho et Marcial.
Il y a plusieurs restaurants à San Felipe, parmi eux : El Popular Vaselina (5), le plus connu, le plus fréquenté par les visiteurs. Sur le front de mer *(malecón)*, il trône juste à côté des coopératives, son joli toit en feuilles de palmiers et sa grande salle aérée donnent tout de suite envie d'y entrer. On y mange un peu de tout, des assiettes de poissons, de viandes, ce qui plaira au touriste.
La Cueva del Buzo *(La Grotte du Plongeur)*, aussi posé sur le *malecón*, celui-là est bien plus dans son jus. Appartenant à la famille du respecté

« Don Pipi », décédé pendant mon séjour à San Felipe – paix à son âme – et père de Nacho, un de mes bons amis pêcheurs de San Felipe. La *cueva* est tout près de chez Doña Morena, c'est le vrai repaire des vieux pêcheurs, avec des photos jaunies montrant des hommes aux peaux brûlées de soleil, portant des poissons énormes. L'odeur de friture flotte en permanence quand on passe devant.
Chez Kiko (6), plus bas sur la route principale, on peut déguster des crevettes flambées, des beignets de poissons et de langoustes, pour pas cher. Kiko est l'ex-chef cuisinier du Popular, qui a monté son propre restaurant pour ne plus être contraint de faire surtout des plats pour touristes.
Aussi, ce qui est très fréquent à San Felipe, c'est de trouver des familles qui ouvrent leurs maisons certains jours de la semaine pour vendre des plats qu'ils font chez eux. C'est le plus économique et souvent un régal. Juste derrière chez Doña Morena (7), une famille propose des plats de riz, haricots rouges et porc mariné, c'est elle qui m'a fait découvrir cette cantine cachée.
Le dimanche, c'est poulet grillé maison chez El amigo Chavez (8), mais il faut se précipiter, car il en fait une trentaine et pas plus, à 13h il n'y a déjà plus rien.
Quand on rentre de la pêche, un des grands classiques est de passer avec Tocho chez Doña Lore (9), qui vit avec ses filles dans des petites cabanes en bois, juste derrière le *malecón* et les poissonneries. On lui donne quelques petits mérous, qui ne passent pas la taille pour être vendus, et elle les fait frire pour quelques pesos dans son brasero. Là, on croise souvent les pêcheurs *chiapanecos* des autres entreprises de pêche.
Enfin, la meilleure nourriture de San Felipe, c'est Doña Morena qui me l'a préparée (10), car c'est une cuisinière hors pair – elle a travaillé quelques années dans un restaurant de San Felipe qui n'existe plus aujourd'hui. Beignets de requin ou de raie (11), poissons au grill, crêpes de langoustes (12), *longaniza* (13) – sorte de boudin noir local – servi avec une purée de haricots rouges. Voilà quelques exemples des recettes de Doña Morena. Une chose importante à noter, c'est que dans tous ces plats, on rajoutera de ce piment vert coupé en morceaux (14), terriblement fort, qui s'apparente à une torture les premières fois, mais devient vite indispensable. Et pour accompagner le solide, jamais d'eau, que du Coca, que les petits vont chercher dans des bouteilles en verre à la *tienda* avant chaque repas.

- 8. Retour du Don

Don Lalo est revenu.
J'attendais avec curiosité, et forcément un peu d'appréhension, le retour de l'homme de la maison. Ainsi, j'ai pu rencontrer Eduardo Ruiz, qu'on appelle partout Lalo, où « Don » Lalo pour les jeunes comme moi. Il était à

• Où manger à San Felipe ?

Champotón, où se trouvent sa mère, son fils Axel et sa fille Taïs « la Negra ». Don Lalo n'a pas toujours fait partie de la famille. Il n'est pas d'ici.
Chacun divorcé de son côté, Doña Morena et Don Lalo se sont rencontrés il y a une petite dizaine d'années, quand Lalo travaillait comme convoyeur au long cours de produits de la mer, les *mariscos*. Il sillonnait les immenses États mexicains dans sa fourgonnette, acheminant poissons et crustacés de la côte yucatèque jusqu'à Ciudad de México, la capitale. C'est pendant ses haltes à San Felipe qu'il a rencontré Morena et sa famille, qui le dépannait d'un hamac, d'un ventilateur, lui préparait de quoi manger. Voilà comment il s'est lié d'amitié avec cette famille de pêcheurs/poissonniers. Et puis c'est allé plus loin et, à présent, il a garé sa fourgonnette et vit à San Felipe avec Doña Morena.

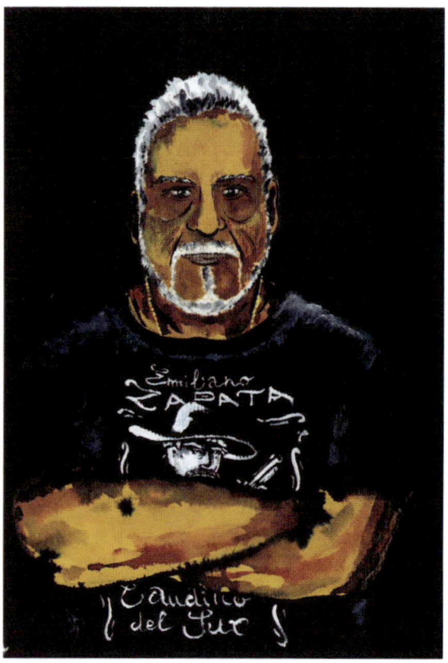

• Don Lalo.

Il m'a tout de suite offert sa gentillesse et sa prévenance, m'emmenant partout, les jours suivant notre rencontre. Il a vu beaucoup de choses, d'endroits et de gens différents au long de sa vie, et il a bien des histoires à raconter.
Lalo vient de « DF », Ciudad de México. Sa première vie là-bas, dans le quartier de Tepito, aurait pu l'empêcher de connaître toutes celles qui ont suivi. Ses oncles et sa première femme contrôlent un petit cartel local, et c'est dans la drogue qu'il a grandi. Il l'a vendu et l'a consommé, et il a joué du calibre quand il le fallait. Il a totalement sombré dans l'addiction et s'est retrouvé loin de son quartier, de sa femme et de son premier fils Luis, dans un centre de désintoxication et de réinsertion pour jeunes drogués à Mérida dans le Yucatán. Après trois ans passés là-bas, il a pu ressortir et trouver une autre voie, dans le commerce de fruits de mer donc, à Campeche puis Champotón, où il a fondé une deuxième famille. Ce n'est qu'encore plus tard qu'il a pris le chemin de San Felipe, et d'un nouveau foyer avec Doña Morena. Il a emmené dans ses voyages son fils Luis, qu'il a formé aussi au convoyage, lequel s'est marié depuis et a deux enfants avec Rebecca, la dernière fille de Doña Morena.
N'étant pas de San Felipe, Don Lalo voit certaines choses avec plus de recul. La politique par exemple : « Ici, c'est une seule grande famille,

qui se fâche entre elle comme se fâche une famille autour d'une table en parlant de politique… c'est ce qui se passe à chaque élection, puis ils se réconcilient, et commencent à se refâcher quand arrive l'élection suivante. »

Il me conseille tout de suite de parler à Don Choch, notre vieux voisin un peu loufoque. « Lui, c'est un fossile de San Felipe. Il allait pêcher quand les bateaux étaient à voiles, il a tout vu ici. »

Encore autre chose, il fréquente assidûment le groupe des alcooliques anonymes de San Felipe. Lui-même n'a jamais vraiment tété la bouteille, mais son passé d'addict à la drogue dure le rapproche de ces pêcheurs marqués par l'alcool. « Je t'emmène bientôt à une réunion, ce sont des amis tu verras, c'est important que tu voies ça ». Le rendez-vous est pris.

9. Kambulnah •

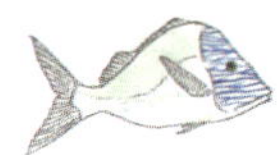

Il y a une histoire que Doña Morena m'a racontée dans les premiers jours, qui témoigne du lien spécial qui unit la communauté de San Felipe à son environnement. Voilà ce qui s'est passé, selon ses mots :

« Après Isidoro – l'ouragan de 2001 –, la mangrove était vraiment très abîmée, un peu partout il faut dire. Mais en particulier un endroit, que nous autres à San Felipe aimons tous, cet endroit s'appelle Kambulnah. C'est un *ojo-de-agua*[4], et autour, on a construit un sentier en pilotis ; on peut aller s'y promener avec les enfants, il y a là-bas beaucoup de plantes, des oiseaux, des petits crocodiles… C'est vraiment beau. Mais voilà, après Isidoro il ne restait rien, tout avait été arraché et les arbres de la mangrove mouraient dans la boue.

À l'époque, la coopérative de femmes pêcheuses qu'on avait créée avec Lourdes existait encore, et ce sont nous les premières qui avons décidé de faire quelque chose pour sauver Kambulnah… Alors j'ai appelé la *doctora* Fraga[5] pour lui demander conseil, et elle m'a donné le

4. « Œil d'eau », ce sont des endroits où l'eau remontant de tunnels, ou filtrant dans le sol, forme des points d'eau profonds et circulaires au milieu de la mangrove.

5. La *doctora* Julia Fraga était ma directrice de mémoire pour ce projet à San Felipe. Elle connaît Doña Morena depuis des années.

• Le dur labeur de la restauration de Kambulnah.

• Le *bolcho*, une Européenne devenue icône au Mexique.

• Buche.

• Loro, pêcheur et musicien.

• Vue de l'entrée de la boutique de Doña Morena.

contact d'un biologiste soi-disant spécialiste des mangroves. Il nous a envoyées à Celestún – un port au nord de Mérida –, acheter des graines dans une pépinière. C'était loin, et cher, mais nous y sommes allées et nous les avons plantées. Quelques mois après, aucune n'avait prise, elles étaient toutes mortes. Ça nous a bien découragées. Mais j'ai quand même rappelé la *doctora* Fraga, qui m'a mise en contact avec un autre biologiste. Lui nous a dit qu'il fallait creuser des tranchées dans la boue de la mangrove, pour aérer, parce que le sol n'était plus bon et c'était pour cette raison que ce qu'on avait planté était mort. Alors on y est allé, on a creusé. Cette fois, on a emmené les hommes, tu n'as pas idée comme c'était un travail difficile. On s'enfonçait dans la vase, et quand on creusait ça nous brûlait les yeux, les jambes, et nos pieds sont devenus noirs. C'étaient les gaz toxiques qu'on libérait de la terre, d'après le spécialiste. On a reconstruit les chemins sur pilotis, et pendant ce temps j'ai observé quelque chose, juste ici dans mon jardin : des petites tiges de mangroves repoussaient, je ne sais pas comment elles étaient arrivées là, peut-être le vent de la tempête. Je me suis dit que ces pousses venaient d'ici, qu'elles seraient plus adaptées que celles des pépinières, et en plus, elles étaient gratuites. Alors au lieu de retourner à Celestún, on a déterré les pousses de nos jardins, on les a emmenées dans nos *lanchas* et replantées à Kambulnah, par centaines. C'était un travail infini. Mais voilà, ça a marché, tu as vu le résultat. Ou plutôt non, tu n'as rien vu, car c'est redevenu comme c'était avant. En deux ou trois ans tout a repoussé à Kambulnah, on a même reçu les félicitations de je ne sais quel ministère, et de scientifiques, qui sont venus mettre des panneaux pour expliquer tout ce que je t'ai raconté. »

• 10. Don Choch, le fossile

Ça fait plusieurs jours que j'entends chantonner bizarrement au petit matin. Ça vient d'à côté de la poissonnerie, de cette petite cabane verte défraîchie. En jetant un regard par la fenêtre sans vitre, j'aperçois le drôle d'oiseau qui se balance dans son hamac. C'est Don Choch, celui dont m'a parlé Don Lalo, à qui je dois parler pour en apprendre sur la mémoire de San Felipe. Sans être tout à fait présent avec moi, Don Choch – Felix Marrufo de son vrai nom – me dépeint quelques scènes du San Felipe d'antan.

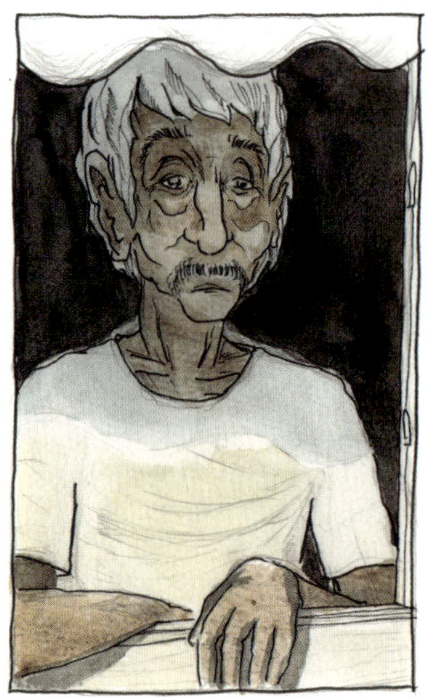

« Moi, ça fait cinquante, soixante ans que je ne bouge plus de San Felipe. Avant, ma famille était là, mais moi je passais ma vie sur les grands bateaux de pêche, qui faisaient Veracruz-Belize. Je ne rentrais chez moi que quelques jours, pour filer l'argent et hop ! je repartais… À vingt ans j'ai arrêté et je suis venu pêcher ici.

« On était tranquilles, mais il y en a toujours plus qui viennent pêcher par ici, et il y a toujours moins de poissons. C'est logique non ? C'est pour les jeunes que ça va devenir un problème… Va falloir trouver autre chose les gars ! Cela dit, ils achètent de plus en plus de trucs, beaucoup plus que moi à l'époque… regarde mes fils, ils réussissent bien pour l'instant.

• Les chansons de Don Choch…

« Tu vois l'eau par exemple : quand j'étais jeune, on avait creusé un puits. Tout le monde y allait, et on buvait tous de l'eau, gratuitement. Aujourd'hui, on dit qu'elle n'est pas potable, qu'on tombe malade avec cette eau… Mais c'est juste pour vendre leurs bouteilles en plastique qui polluent et leurs *refrescos* ! Et les gens ont perdu l'habitude de boire l'eau du puits, alors ils tombent vraiment malades quand ils en boivent…
« Moi, mes fils, j'ai essayé de leur enseigner la vie, la pêche. Peut-être que j'ai réussi, je ne sais pas. Ce qui est sûr, c'est qu'on n'avait rien et que, maintenant, ils ont chacun leur ranch, leur poissonnerie, même une fabrique de glace pour mon fils Picho… Et ils continuent à venir me voir tous les matins, pour discuter.
« J'ai fait partie de la première coopérative de pêche ici, quand ils l'ont créée. Mais j'en suis sorti dès que j'ai senti que ça devenait politique. Moi la politique, pfff… j'ai préféré pêcher dans mon coin, tranquille. »
En effet, les fils de Don Choch, je les ai vus plusieurs fois arriver dans sa petite bicoque et prendre le café en devisant, vers 6h du matin. Ce sont les trois propriétaires des plus grosses poissonneries privées de San Felipe, même si j'ignore encore l'histoire derrière tout cela.
Don Choch est décédé quelques mois après que j'ai quitté San Felipe. Paix à son âme, qui doit avoir embarqué au paradis des pêcheurs solitaires.

• 11. Achat d'une nouvelle *lancha*

En fin d'après-midi, toute la petite famille grimpe dans les voitures pour se rendre aux Coloradas : un petit village à vingt minutes à l'ouest, collé à de grands marais salants à l'eau rose. Les Coloradas sont après la fin de la lagune, et la plage donne directement sur la mer des Caraïbes. Il n'y a que quelques petites cabanes de pêcheurs au milieu des palmiers.
L'objectif de l'expédition est d'acheter une *lancha* à un pêcheur de là-bas.
Les *lanchas* sont de longues barques à fond plat, à la proue effilée. Certaines sont en bois, mais la majorité des *lanchas* récentes sont en fibre de verre. C'est presque le seul type d'embarcation qu'on voit aujourd'hui dans les ports du Yucatán. Ces bateaux sont équipés de moteurs très puissants, et cela permet de couvrir rapidement de longues distances sur l'immense étendue d'eau peu profonde qui borde toute la côte nord du Yucatán. Les *lanchas* servent aussi bien pour

• La *lancha*.

la pêche au poulpe, la dérive, le palangre – où l'on fait des allers-retours incessants entre bouées lestées –, pour pêcher la *picuda* ou le mérou en traîne rapide, ou encore pour jeter et relever des filets. Cette embarcation s'adapte à tous les types de pêches pratiqués dans cette région.
Doña Morena a besoin d'acheter une nouvelle *lancha* (la coque, sans moteur) pour la saison du poulpe à venir, et on est accompagné par Ichi, qui connaît le sujet pour être le boss de la seule fabrique de *lancha* de San Felipe.
Le marché est conclu, on rentre à la maison, après avoir mangé des tacos à Panabá, et acheté des chaussures pour Jairo. La journée a été fatigante pour lui : il les a essayés en dormant à poings fermés, porté par Tocho dans le magasin.

12. L'importance de la communauté intime à San Felipe •

Tous les dimanches, toute la famille prend la *lancha* de Tocho ou Marcial pour aller à la plage, de l'autre côté de la lagune, souvent vers la petite chapelle marine au bord de la mangrove. Là-bas, on passe la journée les pieds dans l'eau, à manger, boire des bières et des *micheladas* – un cocktail un peu mystérieux de bière, sauce pimentée, sel et citron – et écouter de la musique. Les enfants se baignent, les adultes jamais, et on rentre au port quand le soleil est sur le point de se coucher.
C'est le moment de relâche de la semaine, et on le passe en famille.
Voilà ce qui a attiré mon attention sur ce point : la famille est un élément fondamental de la vie sociale à San Felipe. À la différence d'une famille citadine occidentale, dans laquelle les enfants développent leurs propres réseaux d'amis, de collègues une fois émancipés de la cellule familiale, les familles de San Felipe semblent rester l'unité sociale de base et primer largement sur les réseaux d'amis. Plusieurs raisons peuvent expliquer cela.
Historiquement d'abord : San Felipe a été créée par quelques familles, et s'est développée autour d'elles, les Marrufo, les Diaz par exemple. Une très grande partie des habitants du port porte un de ces deux noms dans son patronyme complet – Doña Morena s'appelle Margarita Marrufo Sanchez. Les gens de San Felipe considèrent donc un peu faire tous partie d'une grande famille. D'ailleurs, quand on se balade dans le port, on dit bonjour tous les vingt mètres, et les gens s'interpellent par leur relation de parenté, « *Primo !* » (cousin), « *Suegra !* » (belle-mère)...
Ensuite, les familles travaillent ensemble. Très souvent, le travail est lié à la pêche, comme dans la famille de Doña Morena : Tocho, sa femme Mimi et Marcial sont pêcheurs, Doña Morena, Don Lalo et Rebecca travaillent à la poissonnerie. Mais cela se vérifie aussi dans les familles qui tiennent un commerce, un restaurant, un garage. Le fait de travailler ensemble

Rebe
Marcial
Belem

conduit les familles à se fréquenter tous les jours, et développer des liens différents de ceux qu'on entretient en rentrant le soir de sa journée de boulot, chacun de son côté.

Un autre élément important pour saisir la structure familiale à San Felipe, c'est qu'ici, la norme est de se marier vers 15-16 ans pour les filles, 18-19 ans pour les garçons, et cela peut être plus jeune (Mimi et Tocho se sont mariés à 14 et 15 ans). Cela se fait de manière assez naturelle à ce que j'en comprends, un peu comme si on se mariait dès le premier amour. Les enfants arrivent vite, et cela construit des familles dont les différentes générations sont proches en âge (une vingtaine d'années d'écart). Les différentes générations peuvent donc être actives ensemble : on voit dans beaucoup de familles les grands-parents travailler avec leurs enfants et leurs petits-enfants dans l'affaire familiale.

Tout cela contribue à faire de la famille le réseau social primordial pour les habitants de San Felipe, et la communauté intime reste le premier soutien vers lequel un individu se tourne en cas de besoin : financièrement, médicalement, ou simplement pour partager ses joies, ses peines, ses questionnements.

• À San Felipe, on se salue tous les trente mètres environ…

• *Dia del Amor, y de la Amistad…* en famille.

Pour l'instant, c'est le carême. Ici, on appelle ainsi la période de quelques semaines vers la fin janvier, durant laquelle la pêche est mauvaise. Du coup, personne ne sort pêcher, et je passe la plupart de mes journées à travailler à la poissonnerie avec la famille.

Le peu de poisson qui arrive, ce sont les pêcheurs au filet qui l'attrapent. Eux sortent toute l'année, ils partent à la tombée de la nuit et reviennent à l'aube, avec un peu de tout. À défaut d'aller pêcher, ces jours passés à la poissonnerie me permettent de mieux comprendre comment fonctionne la pêche locale, quel est le chemin du poisson une fois pêché, et quelles sont les différentes espèces qui se vendent, se consomment ou s'exportent.

D'abord, il faut distinguer le circuit local, et celui de l'exportation.

Les espèces pêchées pour l'exportation sont celles qui rapportent le plus, et qui intéressent les coopératives et les gros *permisionarios*[6], ayant leurs entreprises de pêche. Il y a quatre espèces majeures à exporter : la langouste (envoyée aux États-Unis et en Europe), le mérou (surtout aux États-Unis), le poulpe (surtout en Europe) et le concombre de mer (pour le marché asiatique). Pour chacune, il y a une saison d'ouverture de la pêche bien précise, et ces saisons rythment l'année de toute la communauté de San Felipe.

6. Individus qui ont créé leurs entreprises de pêche privées, en obtenant des permis de pêcher certaines espèces.

Pour le reste des poissons pêchés à San Felipe, il y a un marché local, fait de circuits plus courts. Ces poissons, que Doña Morena appelle les poissons « économiques », peuvent être pêchés toute l'année, valent moins d'argent et sont consommés localement dans les restaurants du Yucatán ou dans les familles.

La poissonnerie de Doña Morena suit le modèle d'une entreprise de pêche privée, sauf qu'elle n'a pas de pêcheur salarié. Doña Morena fait ainsi partie des *permisionarios*, mais contrairement aux autres, elle a fait le choix de ne pas chercher à se développer en participant à la pêche très lucrative des espèces à exporter. Elle a préféré se spécialiser dans l'achat et la revente de ces espèces « économiques ». Ainsi, tous les pêcheurs du coin savent que lorsqu'ils ramènent du *bagre* ou de la *pacotilla*, ils ne pourront le vendre que chez la Morena. De l'autre côté, cette dernière entretient ses relations avec une multitude d'acheteurs locaux, restaurants ou particuliers, qui savent qu'ils trouveront toujours chez Doña Morena du poisson peu cher, frais et en quantité.

Ce choix du circuit local et du commerce de poisson bon marché demande beaucoup de travail, car il faut vendre beaucoup, toute l'année, pour de petits profits. Mais il permet à Doña Morena d'éviter la compétition avec les coopératives et les grosses entreprises qui, selon elle, l'écraseraient vite.

Il n'y a que pour la saison du poulpe que Doña Morena s'invite dans la danse, en recrutant des pêcheurs d'un village perdu dans les terres, Santa Rosa. Le poulpe représente une telle manne pour San Felipe qu'il y en a même pour les petits *permisionarios* comme elle, qui arment quelques *lanchas* et embauchent une dizaine de pêcheurs pour les quelques mois que dure la saison.

• 14. La *tamasuca*

Après les fêtes traditionnelles du début d'année, il y a une autre tradition, qui ne concerne pas tout le monde… La *tamasuca*, c'est un grand chapiteau monté dans un terrain vague de San Felipe pour quelques jours, où se retrouve une bonne partie des hommes du port, une fois la nuit bien avancée. Marcial me propose de l'accompagner un soir. À l'intérieur, un bar en palettes de bois, des glacières remplies de canettes à 20 pesos, des tables en plastique et une scène avec des barres de pole dance montées à même le sol en terre battue. Des strip-teaseuses grassouillettes se trémoussent mollement, et contre quelques billets vont frotter leurs seins ou leurs fesses sur la tête de vieux pêcheurs hilares. Tout le monde est bien saoul.

C'est l'occasion de fraterniser en une soirée avec la moitié des pêcheurs du port, d'habitude plutôt fermés, et de se promettre plein de choses, de se revoir, de m'emmener pêcher, dans de grandes déclarations et des tournées de bières. On ne se souviendra pas de tous les détails, mais ça reste un très bon moment de ces premières semaines.

• La *tamasuca*.

• 15. Gueule de bois énorme après les fêtes de village

Le lendemain de la *tamasuca*, c'est dimanche, et c'est la sortie à la plage en famille. Jairo et Jimena déboulent dans ma chambre vers 10 h 30 pour me tirer du lit, au comble de la joie en me voyant toujours profondément

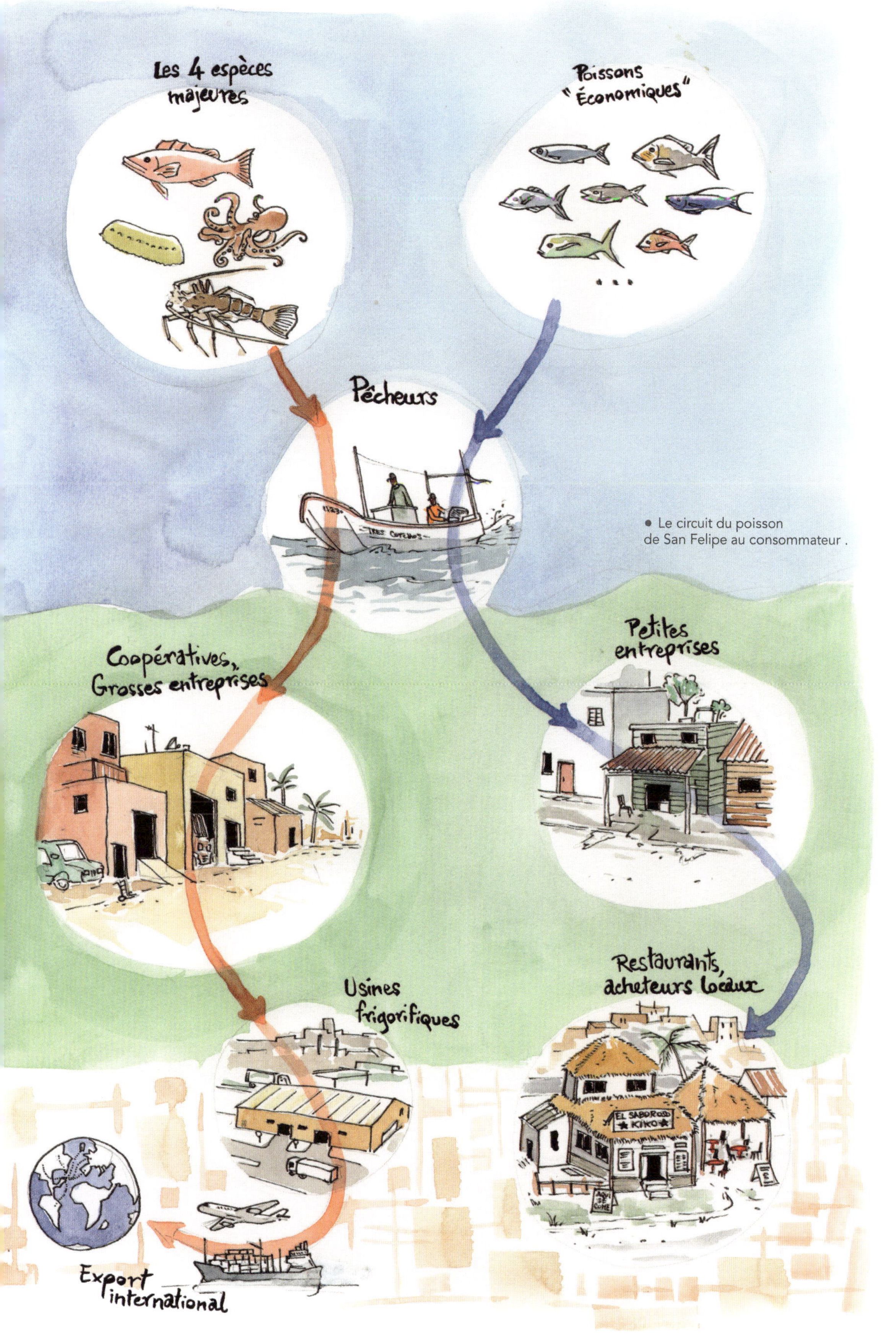

● Le circuit du poisson de San Felipe au consommateur .

endormi. C'est la première vraie gueule de bois à San Felipe, la *resaca* comme on l'appelle. Tout le monde est bien amusé de me voir à l'envers comme ça, Tocho me fait avaler un bouillon de dinde pimenté, le bon remède selon lui – c'est vrai que ça fait du bien –, et on grimpe tout de suite après dans sa *lancha*, direction la plage, la glacière encore pleine de bières.

16. Santa Rosa •

Cela faisait déjà quelques semaines que Doña Morena et Don Lalo me parlaient de Santa Rosa, du jour où nous irions au *pueblo*, comme s'ils parlaient de leur village natal. Il fallait une journée où on pourrait fermer la poissonnerie, pour y aller avec toute la famille. Un mauvais coup de vent la nuit dernière, synonyme de pêche médiocre, a décidé la patronne. L'expédition est pour aujourd'hui, on charge la fourgonnette *ras-la-gueule* de parpaings sans que je comprenne bien pourquoi, et on démarre, tous serrés dans deux voitures, la petite Toyota de Tocho et Mimi et la fourgonnette qui touche presque le sol.
Pour aller à Santa Rosa, il faut prendre la route de Cancún de San Felipe, passer Río Lagartos, puis traverser Las Coloradas. On roule alors pendant une dizaine de kilomètres sur une piste enserrée entre le rivage de la mer des Caraïbes à gauche, et les immenses étendues rosâtres des marais salants. On s'arrête plusieurs fois pour observer les colonies de milliers de flamants roses qui font la popularité de ce coin assez extraordinaire. La piste finit par déboucher sur le petit port d'El Cuyo. De là, on pique vers l'intérieur, et on traverse des villages de plus en plus petits, pour finir par reprendre une autre piste dans une forêt épaisse qui nous conduit à Santa Rosa, un minuscule chapelet de maisons autour d'une église, perdu au milieu de grands arbres et de collines yucatèques.
Là, on est accueilli comme des amis de longue date par une foule d'hommes et de femmes qui s'activent autour d'un immense trou qu'ils remplissent de braise. C'est le *pim*, une technique ancestrale maya de

• *La abuela Maya de Santa Rosa.*

four enterré. Une fois le trou rempli de braises, les femmes y disposent un petit cerf découpé en morceaux enroulés dans des feuilles de bananier, des patates douces et des *tamales*. Le trou est rebouché, avec une grosse plaque de tôle sur laquelle est rejetée la terre creusée, jusqu'à ce qu'il n'y ait plus le moindre filet de fumée qui sorte du sol. Une fois tout cela accompli, on part à la suite de nos hôtes visiter le village et ses alentours en attendant que ce soit cuit.

Conduits par Ruben, le chef de clan, et Gonzalo, un jeune qui a fait des études d'agronomie et en connaît un rayon sur les cultures et la nature autour de Santa Rosa, on va voir un champ où sont cultivées toutes sortes de choses : maïs, pommes de terre, piments, fruits… On se dirige vers

une vraie montagne de concombres, plus haute qu'un homme, et on en remplit des caisses, à ramener à San Felipe. On s'essaye au tir à la carabine, et on me fait manger quelques fruits inconnus en rigolant de mon air méfiant.
En revenant au village, j'ai la réponse au mystère des parpaings. Don Lalo et Doña Morena sont en grande discussion avec Eloy, le grand frère de Ruben, au milieu d'un terrain en friche, où sont plantées les fondations d'un chantier. Quelques jeunes débarquent les parpaings à la chaîne. C'est ici que Doña Morena a décidé de se faire construire une maison pour ses vieux jours, avec l'accord de la communauté de Santa Rosa, qui se charge donc des travaux, payés par la Morena. Je comprends ainsi le lien fort unissant la famille à ce village perdu dans la forêt. En plus d'être des amis et des fournisseurs de fruits et légumes frais, cela fait maintenant dix ans que Ruben, Eloy et leurs frères, fils et cousins, viennent à San Felipe pour la saison du poulpe, constituer les équipages de pêche de Doña Morena. Pendant les trois mois que dure la saison, ils sont logés dans l'entrepôt, dorment dans les hamacs comme Guizar le *bodeguero* actuel, et vont pêcher le poulpe pour le compte de la Morena.
Ces *campesinos*, qui sont vraiment des hommes de la terre et de la forêt, ont appris à prendre la mer une partie de l'année pour faire vivre leurs familles. Dans leur cas, le lien de confiance et d'amitié avec leur employeur est fort, et va jusqu'à accepter de lui donner une place dans leur communauté, en construisant une maison pour Doña Morena, au milieu des leurs.
On passe à table tous ensemble, ce qui veut dire une quarantaine de personnes, avec des petits et des grands qui sortent de partout. Le village m'a l'air d'être une seule et grande famille. La nourriture est délicieuse, et nos hôtes m'expliquent longuement qu'ils sont les derniers authentiques Mayas que je peux rencontrer. Ici, on ne parle pas espagnol, mais toujours le maya. La petite grand-mère souriante ne comprend même pas ce qu'on se raconte, elle n'a jamais appris l'espagnol. On me donne les noms de tout ce que je vois en maya, ce qui est quasi impossible à mémoriser car ce ne sont que des monosyllabes (j'ai au moins imprimé le oui : *ele*, et non : *ma*). On quitte nos amis à la fin de l'après-midi, en prenant la piste dans l'autre sens, le ventre plein à craquer, les parpaings de l'aller transformés en caisses de concombres pour le retour.

• 17. Marcial explique les coopératives

Aujourd'hui, j'ai passé une bonne partie de la matinée à travailler à la poissonnerie avec Marcial, à faire des filets de carangues, et à récupérer les *ventrechas* de poissons – une glande blanche et toute grasse –, pour en faire de petits paquets qu'on vendra apparemment à des acheteurs chinois... un travail assez mystérieux pour l'instant.

• Arrivée de la pêche devant les coopérativ

PESCADORES UNIDOS
DE SAN FELIPE

Le fils aîné de Doña Morena est plutôt taiseux, et c'est pratiquement la première fois que je me retrouve longtemps à discuter avec lui. Il aborde un sujet qui attisait ma curiosité depuis mon arrivée : le fonctionnement des coopératives.
Bien qu'il donne souvent des coups de main dans la boutique de sa mère, et qu'il vienne y vendre de temps en temps ses poissons, Marcial fait partie de la coopérative des Pescadores Unidos de San Felipe. C'est la coopérative originelle de San Felipe, qui a organisé et façonné la pêche commerciale ici depuis une cinquantaine d'années. Cette coopérative s'est divisée en deux il y a quatorze ans environ : d'un côté ceux restés fidèles à la coopérative historique et continuant de s'appeler les Unidos, et les sécessionistes se baptisant les Legitimos.
Voilà les principales informations que j'apprends.
Tous les pêcheurs de la coopérative sont des *socios*, ils sont associés et chacun est propriétaire de sa *lancha*, de son moteur, de son matériel de pêche... de ses moyens de production. Les pêcheurs *socios* doivent vendre leur pêche à leur coopérative, qui achète les poissons au poids, selon des barèmes de prix fixés avec la fédération des coopératives de toute la côte (côte orientale du Yucatán). Chaque *socio* peut avoir un équipier, qu'il rémunère d'un pourcentage sur les gains de sa pêche, mais qui – sauf exceptions – n'est pas encore *socio* de la coopérative. Pour entrer comme *socio*, il faut en faire la demande et être coopté par des membres de la coopérative.
Une fois que la coopérative a acheté le poisson à ses pêcheurs, elle le vend à un unique intermédiaire historique de Mérida, à qui elle achemine le poisson par camion. Là-bas, le poisson est congelé et conditionné, puis en grande partie exporté sur les marchés étrangers. Le bénéfice qui rentre dans les caisses de la coopérative sur l'achat et la revente du poisson va servir à : (1) assurer que la coopérative puisse toujours payer les *socios* pour leur pêche ; (2) alimenter la caisse « de soutien » de la coopérative, qui servira à indemniser un *socio* accidenté ne pouvant plus pêcher, ou soutenir un *socio* en difficulté pour l'achat de matériel, ou l'entretien de sa famille ; (3) payer les salaires des *directivos* (le bureau de la coopérative).

Les *directivos* :
Ce sont les dirigeants de la coopérative, qui sont élus tous les deux ans. Ils se présentent en un bureau complet, ce sont donc généralement deux listes qui s'opposent dans des élections à main levée au suffrage universel – lors d'une assemblée réunissant tous les *socios* de la coopérative. Pendant leur mandat, chaque *directivos* reçoit un salaire de la coopérative, qui l'exempte donc de pêche et doit lui donner tout le loisir de se consacrer à sa tâche au sein du bureau. Cela explique

beaucoup la convoitise pour les postes de *directivos* que j'ai vite senti chez les *socios* des deux coopératives.

Voici les postes de *directivos* et leurs responsabilités :
Presidente : il est l'étendard de la coopérative, le plus en vue publiquement. Il est chargé des relations extérieures à la coopérative : aller chercher les aides publiques des ministères, représenter la coopérative lors des diverses assemblées avec les autres acteurs de la pêche, et notamment siéger à la fédération des coopératives de la côte.
Secretario : il est responsable des affaires internes de la coopérative, des relations avec les *socios*, avec les clients, et les différentes organisations partenaires.
Tesorario : il est responsable de tout ce qui se rapporte à l'argent de la coopérative, celui qui sort comme celui qui rentre : gérer les caisses qui servent à acheter le poisson aux *socios*, à soutenir les *socios* ne pouvant pêcher, aux achats et ventes de matériel.
Precios : il est affecté aux prix du poisson : les négociations avec les acheteurs, l'alignement entre coopératives, afin de garantir la sécurité financière des *socios* et de la coopérative.
Prevision Civil : il est responsable de la protection, de la sécurité des *socios*, et de leur suivi en cas d'accident de pêche.
Vigilancia : il est responsable des relations entre *socios* et *directivos*, et il doit donc veiller à ce que les membres du bureau tiennent convenablement leurs responsabilités vis-à-vis de la coopérative.

• Les boutiques des trois frères *permisionarios*.

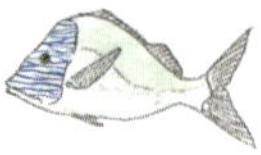

• 18. Un port, deux camps opposés

Suite à la discussion avec Marcial, je commence à mieux saisir en quoi l'opposition entre coopératives et *permisionarios* est le plus gros enjeu pour le futur de la pêche et de son économie à San Felipe. Et considérant que la pêche est le moteur de toute l'activité du port, on peut donc parler du plus gros enjeu social, écologique et économique (et donc bien sûr politique…). Sans être formulé aussi clairement, c'est à chaque fois ce qui ressort des discussions avec les habitants de San Felipe depuis mon arrivée.

D'un côté, les coopératives de San Felipe. À l'origine une seule, celle par laquelle est née la pêche commerciale, les Unidos, et qui s'est divisée en deux il y a une quinzaine d'années : Unidos et Legitimos. Au moment de la rupture, les relations ont été très tendues. Mais elles se sont adoucies jusqu'à l'entente cordiale et, à présent, les coopératives cohabitent sans mal, et collaborent même face à un adversaire commun : les *permisionarios*. Dans chaque coopérative, un peu plus d'une centaine de pêcheurs *socios*, tous associés, tous propriétaires de leurs *lanchas* et des moyens de production de la coopérative. Les *socios* pêchent, vendent chacun leur pêche à la coopérative qui, elle-même, la revend à un acheteur, et le bénéfice généré entre dans les caisses communes. Un bureau élu tous les deux ans dirige la coopérative, et les décisions importantes sont prises à main levée dans des assemblées générales réunissant tous les *socios* – il y a au moins une assemblée tous les quatre mois.

De l'autre côté donc, les *permisionarios*. Ce sont des entreprises de pêche qui fonctionnent presque comme les coopératives, à cela près qu'elles appartiennent à un unique propriétaire. Le boss est donc propriétaire des *lanchas*, des moteurs, des locaux, qu'il a acquis ou construit en investissant. Il recrute des pêcheurs pour utiliser ses *lanchas*, qui sont également payés en fonction de leur pêche, mais qui sont considérés comme ses employés. On les appelle les *permisionarios* car ces patrons ont réussi à se faire délivrer des permis de pêcher pour leurs entreprises, notamment le poulpe et la langouste, qui ont longtemps été réservés aux seules coopératives. Il est important de noter que l'immense majorité des pêcheurs employés par les *permisionarios* sont étrangers à San Felipe, et même souvent au Yucatán, la plupart venant du Chiapas, l'État voisin au sud frappé d'une grande pauvreté. Ces hommes venant sans leurs familles louent des piaules à leur employeur. Cela se vérifie même chez les *permisionarios* modestes, comme Doña Morena avec son employé Guizar. Car il faut aussi dire qu'il y a des *permisionarios* de différentes envergures. Au total, il y en a une dizaine à San Felipe. La plupart sont des petites entreprises familiales, qui ne font pas du tout assez de volume de poisson pour pouvoir l'exporter et privilégient le commerce local.

Mais trois de ces entreprises se sont développées exponentiellement depuis une dizaine d'années, et concurrencent aujourd'hui férocement les coopératives, en faisant autant voire plus de volume sur les pêcheries les plus importantes : langouste, mérou, poulpe, *pepino* (concombre de mer), et en déployant un effort de pêche souvent supérieur – le nombre d'heures de pêche cumulées par tous les bateaux. Ces trois entreprises appartiennent à trois frères, les trois fils de Don Choch : Juanusca, le benjamin, Pichoneta, le cadet, et Catarino, l'aîné, le chef. Encore une chose qu'il peut être intéressant de noter : au moment où la coopérative des Unidos s'est scindée en deux, Catarino en était le président, et Pichoneta le secrétaire. Ils ont donc été expulsés de la coopérative, et ont décidé d'en fonder une autre avec ceux qui voulaient les suivre, les Legitimos. Un an plus tard, ils abandonnaient la nouvelle coopérative à son sort et créaient une entreprise de leur côté, pour enfin chacun fonder la sienne, et arriver à la situation d'aujourd'hui.

19. Pêche à la *corvina* avec Tocho et Marcial •

Presque un mois et demi après être arrivé à San Felipe, c'est la première vraie sortie de pêche. J'embarque avec Tocho et Marcial pour aller pêcher la corvina, une espèce de grosse truite de mer, qui ressemble à un saumon, mais avec la chair blanche.
On sort juste devant la *bocana*, le passage dans la mangrove vers la mer, et puis on se laisse pousser par le courant, au-dessus des immenses champs de posidonies qui bordent la côte. On appâte un double hameçon avec un filet de *liseta*, et on lance sa ligne. Pour attirer la *corvina* hors des herbes marines, il y a tout un art d'agiter le poignet et de faire sauter l'appât au fond de l'eau, avec souplesse et régularité.
Cette pêche a plusieurs noms : *el garreteo*, littéralement « la dérive », ou sinon, les pêcheurs disent souvent « *vamos a sembrar* ».

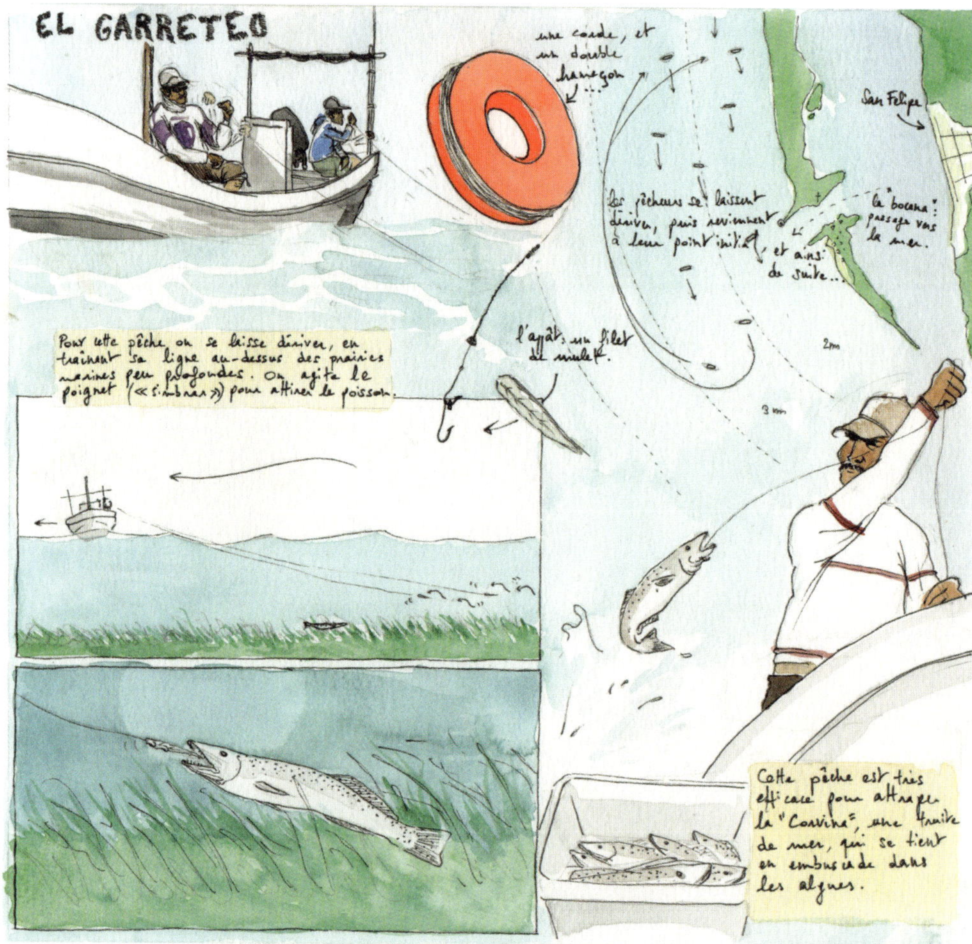

Ce verbe désigne ce geste bien spécial du poignet et de l'avant-bras qu'on répète continuellement.

C'est une pêche assez facile et amusante, dont on rentre avec une caisse pleine de poissons chaque jour (entre 20 et 30 kilos). On garde trois ou quatre petits qu'on se fait frire le temps d'aller vendre le reste, puis on rentre déjeuner. On y retournera presque tous les jours en février, jusqu'à ce que la pêche soit moins bonne.

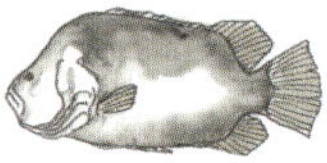

- 20. Les saisons de pêche

Pendant les heures de *garreteo* à pêcher la *corvina*, je peux discuter longuement avec Marcial et Tocho, et j'apprends notamment comment

la pêche rythme la vie du port. Les saisons d'ouverture de la pêche pour les quatre espèces phares (langouste, poulpe, *pepino* et mérou) sont les repères temporels des habitants de San Felipe.
Les périodes de février-mars que l'on vit en ce moment sont les semaines de carême, « *quaresma* ». Les quatre grandes pêches sont fermées, et sans que l'on sache vraiment l'expliquer, il y a moins de poissons, même les petits. L'activité du port est assez morte, alors on s'occupe avec du travail à la maison, des réparations… et on sort pêcher la *corvina* ou d'autres poissons de sable en espérant gagner quelques billets, mais c'est plus pour tuer le temps que pour autre chose.
En avril, la « *veda del mero* » (la « clôture du mérou ») se termine, et l'on peut ressortir les palangres pour pêcher ces gros poissons de roches, qui se vendent cher, surtout quand ils sont gros, et sont exportés aux États-Unis. La saison du mérou court jusqu'en janvier de l'année qui suit. Mais les meilleurs mois sont en avril, mai et juin, quand les mérous ont pu grandir sans être inquiétés pendant la fermeture de la pêche, et les gros spécimens sont nombreux.
En avril, c'est aussi l'ouverture de la pêche au *pepino*, le concombre de mer. Cela dure seulement deux semaines, et c'est une effervescence incroyable dans tous les ports du Yucatán : cette pêche est très spéciale, car cela s'apparente plus à une grande cueillette sous-marine. On arme les compresseurs et on ratisse les *pepinos*, en plongeant pendant des heures, tracté par sa *lancha*. Cette pêche ne dure que quinze jours, car la

POISSONS ECONOMIQUES D

SAN FELIPE, YUCATÁN

• Les saisons de pêche des quatre espèces commerciales.

population de *pepinos* est très vite décimée entièrement par les centaines de pêcheurs-plongeurs infatigables. Mais Tocho et Marcial me font bien comprendre que certains ne respectent absolument pas les règles, et continuent à pêcher le *pepino* en dehors de cette quinzaine.
En juillet, la pêche à la langouste débute, et va durer jusqu'à janvier. Cette pêche se pratique en plongée, comme pour le *pepino*. Mais là, chaque pêcheur sort son carnet secret, où il a noté au fur et à mesure des années les coordonnées GPS de toutes les petites grottes qu'il a visitées et où il a trouvé des langoustes. Étant un animal sédentaire, les mêmes grottes et creux dans la roche se repeuplent de langoustes d'une année à l'autre. Le jeu pour les pêcheurs consiste à faire le tour de leurs coins à langoustes, en pêchant les plus grosses avec un long crochet, et laissant les petites, espérant qu'elles grandiront et seront la pêche des années à venir. À condition qu'un autre pêcheur n'ait pas noté la même grotte et soit venu visiter avant… Autant dire que les petits carnets de coordonnées GPS sont gardés très jalousement.
Enfin, en août démarre la saison du poulpe, courant jusqu'à mi-décembre. Véritablement la pêche emblématique du Yucatán, elle se pratique avec une technique bien particulière : à la dérive, les *lanchas* sont équipés de longs bambous qui traînent des fils allant jusqu'au fond de l'eau, où sont attachés des têtes de crabes ou de langoustes, qui raclent le sol sous-marin. Les poulpes alléchés sortent de leurs trous, s'agrippent à l'appât, et c'est au pêcheur de sentir le poids du poulpe au bout de la ligne, et de le remonter très doucement jusqu'au bateau, pour l'attraper d'un geste sec.
Je reviendrai en détail sur ces différentes pêches et leurs techniques, c'était un aperçu donné par Tocho et Marcial, alors qu'on est encore en plein carême, aucune saison encore ouverte. Je sens bien leur impatience d'y être et de m'enseigner leur savoir-faire en situation réelle.

- 21. Don Javier

- San Felipe, dans les années 50.

Ce jeudi, j'ai un rendez-vous organisé par Don Lalo. Je vais rencontrer Don Javier, que j'avais croisé à la réunion des alcooliques anonymes, dont il est le président à San Felipe.

Comme le dit Don Lalo, il fait partie des « monuments » du port. Il m'accueille après sa sieste, et me raconte quelques épisodes :

« C'est la construction des routes reliant à Tízimin et Río Lagartos qui a tout changé ici. Et c'est un travail qui a été fait par les habitants, en alliance avec ceux des autres villages. C'était un travail très dur, car le sol vaseux des mangroves rendait la construction difficile. Les premiers camions à pouvoir circuler sont arrivés jusqu'à San Felipe en 1964 je crois bien, et ça a eu un effet très important sur la vie en général.

Auparavant, il n'y avait qu'un bateau seulement, « Los Tres Reyes », qui reliait San Felipe et tous les ports du Noreste à Progreso. Il passait une fois par mois, acheminant les marchandises et les provisions. Il poussait ensuite jusqu'aux Coloradas,

• *Los Tres reyes*, reliant Celestun aux Coloradas.

où il se chargeait de sel, et il retournait à Progreso. Sur le chemin, il déposait du sel dans les ports, dont San Felipe, qui servait à conserver les poissons, car il n'y avait pas de glace à cette époque.
C'était pas évident de bien conserver le poisson, et d'en vendre régulièrement. La pêche n'était pas l'activité principale comme aujourd'hui, c'étaient l'élevage et l'agriculture. Mon beau-père, Don Marrufo Mena, était le grand propriétaire de San Felipe : il avait des terres et plusieurs ranchs. Moi, j'étais apprenti charpentier avant de me marier, puis je suis allé travailler dans les ranchs du beau-père.
Je suis né en 1938. Quand je travaillais aux ranchs, j'étais un bon petit gars, et on m'a envoyé au conseil municipal en 1961, pour faire secrétaire. J'avais 23 ans.
Il n'y avait pas de partis à l'époque, pas d'élections, on accomplissait un travail de service civique, si tu vois ce que je veux dire. Il y avait 600 habitants à San Felipe, on se connaissait tous. C'est donc comme ça que je me suis retrouvé en plein dans les projets de routes, et la construction du Palacio Municipal. Pour ça, on a bénéficié de l'appui du gouvernement de l'État, et on a pu le bâtir grâce au travail gratuit des hommes de San Felipe, le dimanche. C'est là que sont apparus les *despesas*, qui existent encore aujourd'hui (dédommagements en nature pour le travail d'intérêt général), et c'était grâce aux premiers projets de développement des États-Unis.
Au moment de l'inauguration du Palacio Municipal, en 1968, eh bien j'étais devenu maire. »

Don Javier est fier d'avoir participé à ces avancées qui ont bouleversé l'histoire du port. Mais en même temps, il fait remarquer que ce sont ces routes, ces nouvelles connexions plus faciles avec l'extérieur qui ont finalement contribué à saper l'unité qui existait à l'époque. Aujourd'hui, accomplir ces choses-là ensemble ne serait plus possible selon lui.
Les coopératives de pêche apparaissent en 1970 dans son récit. Lui n'a jamais été pêcheur, ce qui est plutôt rare pour un homme de San Felipe aussi lié à l'histoire du port. Il a été maire jusqu'en 1976.
Ses deux fils sont toujours à San Felipe et dirigent les deux supérettes « Super Morochos ».
La discussion ne s'est jamais approchée des épisodes qui l'ont amené à devenir président du groupe des alcooliques anonymes…

• 22. Catarino et ses frères

Tous les matins vers 6 heures, les trois fils de Don Choch viennent prendre leur café chez leur père. Catarino, l'aîné des trois, est un petit homme sec et vif au regard acéré. Pichoneta est le cadet, ventru, moustachu et gominé, les yeux souvent cachés par des grosses Ray-Ban. Le benjamin

s'appelle Juanusca, et lui présente plutôt comme un instituteur de la troisième république, avec sa moustache taillée, ses petites lunettes rondes et ses chemises boutonnées jusqu'en haut.
C'est surtout Doña Morena qui m'a raconté l'histoire de cette famille. Elle les connaît bien, ils sont plus ou moins cousins et vivent en voisins depuis toujours. Sa copine Lourdes, c'est la première fille de Don Choch, avant les trois hommes. Ils étaient l'une des familles les plus pauvres de San Felipe. Don Choch a dû pendant longtemps embarquer sur les "cobra-linas", des grands bateaux de pêche partant en campagne pour plusieurs mois en haute-mer. Lourdes et les trois frères se retrouvaient alors livrés à eux-mêmes et obligés de trouver des petites combines pour ramener de quoi vivre et manger à la maison. Forcément, ils sont devenus pêcheurs avant l'âge, commençant par faire les "gaviotas" (« mouettes »), ces minots qui attendent le retour des pêcheurs sur le quai et les aident à vider et peser en échange d'un poisson. Pendant que Lourdes commençait avec Morena à pêcher la crevette, les trois frères entraient dans la coopérative, synonyme de travail régulier et promesse de confort. Comme ils étaient des jeunes pêcheurs valeureux, vint leur tour d'être élu *directivos* de la coopérative. Catarino en président, Pichoneta en secrétaire, et Juanusca aux comptes. C'est à ce moment que sont nées les premières tensions, entre les frères et les autres pêcheurs. Difficile de savoir comment les choses se sont réellement passées, car les versions de l'histoire changent selon les bouches qui les content. Ce qui est sûr, c'est que les membres de la coopérative ont fini par refuser l'autorité de Catarino, ce qui l'a poussé à faire sécession, et appeler ceux qui voulaient le suivre à créer une nouvelle coopérative. C'est depuis ce jour que le bâtiment de la

coopérative est séparé en deux par une saignée d'à peine un mètre de large. D'un côté, les "Pescadores Unidos de San Felipe", la coopérative originelle, de l'autre les "Pescadores Legitimos de San Felipe", créés par Catarino et son clan. C'était il y a dix ans.
Un an après cela, Catarino et ses frères quittaient les Legitimos avec pertes et fracas, pour des raisons floues, mais faciles à imaginer : le désir d'autorité incontestée de Catarino ne semblait pas adapté au fonctionnement d'une coopérative. Ils laissaient une nouvelle coopérative déjà exsangue, endettée et manquant d'effectif.
Ceux qui avaient suivi Catarino sont passés par des moments difficiles, obligés de se tuer à la tâche pour maintenir les Legitimos à flot, sans possibilité de faire machine arrière vers les Unidos, très hostiles envers ceux qu'ils considéraient comme des traîtres. Aujourd'hui, les Legitimos sont une coopérative stable et installée, toujours un peu moins importante que les Unidos. Entre les deux coopératives jumelles l'entente s'est largement améliorée, leurs pêcheurs travaillant même parfois ensemble. C'est que les deux coopératives ont vu grandir un adversaire commun au cours des dernières dix années : les entreprises privées créées par Catarino et ses frères.
Après avoir claqué les portes des coopératives, les frères ont entrepris d'acheter des *lanchas*, et de recruter des pêcheurs, pour être seuls décisionnaires. Rien d'inédit jusque-là, depuis que la coopérative existe il y en a qui préfèrent pêcher de leur côté, et tenir leur propre petite affaire. C'était le cas du père de Doña Morena par exemple, cette dernière poursuivant cela aujourd'hui. Mais la cohabitation avec la coopérative n'a jamais posé de problèmes car les petits privés n'ont jamais été une concurrence.
Sauf que Catarino et ses frères ont rapidement acquis une flotte de plus d'une cinquantaine de *lanchas*, recruté des dizaines et des dizaines de pêcheurs venant d'autres États, surtout du Chiapas. Ils ont fait sortir de terre en quelques années un grand complexe pour conditionner et expédier le poisson. C'est Pichoneta qui le dirige aujourd'hui. Chaque

frère a son entreprise de pêche, mais elles sont mitoyennes et il semble clair qu'ils travaillent ensemble. Catarino est à la tête du "Frente Unido", une entité qu'il a créée et qui rassemble tous les privés de San Felipe, et même de quelques ports voisins. Tant en volume de pêche qu'en poids politique, ils imposent aujourd'hui une concurrence féroce aux coopératives, qui ont du mal à suivre le rythme.
D'où vient l'argent ? C'est forcément la question qui vient la première, et s'il est difficile de demander et d'être sûr de la justesse des réponses, il ressort souvent que Catarino a bénéficié d'appuis solides au sein du PRI, l'un des deux partis politiques majeurs du pays. C'est ce qui lui aurait permis d'investir très vite beaucoup d'argent pour développer ses activités à San Felipe. Cette réussite subite est aussi liée à la pêche au *pepino*, qui est arrivée à San Felipe il y a six ans, et qui a été une manne financière incroyable pour tout le village.
Concernant Catarino et ses frères, leur histoire personnelle est indissociable de celle de San Felipe, et quoi qu'on puisse en dire, ils ont beaucoup influencé l'évolution de leur port. Dans les paroles des gens de la communauté, les questionnements, les inquiétudes, le rapport à la mer et à la pêche, tout est lié de près ou de loin aux changements amenés par les trois frères. Il est impossible pour moi de ne pas rencontrer Catarino et lui parler de tout ça avant de repartir.

23. La politique s'invite à la poissonnerie •

Ce matin, quand je descends de ma chambre, toute la famille est attentivement postée autour de la radio. On écoute une prise de parole de Huacho, l'ancien maire de San Felipe. Il va se présenter aux élections du gouverneur du Yucatán, qui auront lieu en juillet prochain, comme les élections municipales et législatives.
À voir la mine des membres de la famille et leurs discussions enflammées une fois la radio éteinte, c'est à ce moment que je prends vraiment la mesure de l'importance de la chose politique ici. L'appartenance à un parti surtout, semble primordiale.
Dans cette maison, on est de tradition *panistas* : suiveurs du PAN (Partido Accíon Nacional). C'est sous l'étiquette *blanquiazul* que Doña Morena a été maire de San Felipe. C'était aussi le parti de Huacho, son successeur, aujourd'hui candidat à la gouvernance du Yucatán. C'est pourquoi on sent bien une certaine affection pour lui dans la famille, mais aussi un peu de rancœur : il a quitté le PAN pour rejoindre un tout nouveau parti baptisé Morena.
Le PAN s'oppose historiquement au PRI (Partido Revolucionario Institucional). Ce sont les deux principales forces politiques du Mexique depuis des années. Après de brèves recherches, je saisis que le PRI est le parti héritier de la révolution mexicaine, portant à l'origine les idées

socialistes du fameux président Lazaro Cardenas. Ce dernier a gouverné le Mexique dans les années 1940 et il est le père de la réforme agraire qui a redistribué les terres aux familles mexicaines sur le principe de la propriété collective et du travail en coopérative. On peut donc qualifier le PRI comme parti historique « de gauche ».
Le PAN est le parti historique du patronat, créé par les élites mexicaines en réaction à cette réforme agraire, et en opposition à la politique socialiste de Lazaro Cardenas. Il se réclame d'inspiration catholique, libéral et donc plutôt « à droite ».
En lisant rapidement entre les lignes, on comprend vite que PRI et PAN sont devenus les deux facettes d'une même pièce, à savoir une classe politique omnipotente et corrompue – d'immenses scandales de corruption sont aujourd'hui mis au jour concernant chacun des deux partis. Le PRI a gouverné le pays pendant soixante ans, cédant le pouvoir au PAN de 2000 à 2012, puis le reprenant avec le président Enrique Peña Nieto. Là-dessus, Morena est un nouveau parti, qui base justement sa campagne sur la lutte anti-corruption dans la politique mexicaine. Il est guidé par Andrès Manuel Lopez Obrador, candidat à la présidentielle et pour l'instant apprécié des Mexicains.
Mais tout cela n'a que peu à voir avec la politique à San Felipe, bien que ce soit les mêmes couleurs et les mêmes logos. Ici, les partis sont associés à des personnes : le PAN, ce sont les pêcheurs des coopératives et leur futur candidat à la mairie : Kali.
Le PRI, c'est Catarino et les entreprises privées. Sauf que ce ne sera pas lui le candidat officiel, mais sa belle-sœur Juana. Pour les gens, c'est une couverture à peine maquillée, si Juana est élue, ce sera bien Catarino qui tirera les ficelles.
Pour finir, je sens que Doña Morena est tiraillée sur ce sujet, et d'ailleurs, elle ne semble pas du tout à l'aise d'en discuter avec moi. Elle est une figure du PAN à San Felipe, en tant qu'ancienne maire, et elle se reconnaît dans les valeurs des *panistas*. Mais elle est aussi une patronne d'entreprise, et en tant que telle, elle est obligée de faire partie du Frente Comun de Catarino, et de faire allégeance au PRI, si elle ne veut pas mettre en danger son affaire.
Elle clôt la discussion sobrement : « Cette année pour les défilés des partis, moi, je resterai chez moi ».

• 24. La "guerre" San Felipe-Dzilam

L'année précédente, au moment de la saison de pêche du *pepino*, un sérieux conflit a opposé les pêcheurs de San Felipe, et ceux du village voisin à l'ouest, Dzilam de Bravo. Des affrontements sur l'eau, entre *lanchas*, ont eu lieu et il y a eu des blessés. Doña Morena me conte tout ça, en me disant bien de ne pas aller en parler aux oreilles de n'importe qui…

C'était il y a environ deux ans. Chereca et Tuni, deux pêcheurs de San Felipe, ont repéré une lancha inconnue sur une zone de pêche.
Eh Tuni, c'est qui là-bas ?
Les gars, vous êtes de Dzilam, vous pouvez pas venir pêcher ici ! Vous le savez très bien, votre zone s'arrête au phare.
Le lendemain...
Ils sont revenus !
Les jours suivants.
...
LICIA STATAL
Eh ! ça fait trois mois que ça dure. Faites quelque chose avant qu'on s'en occupe nous-même !
Les autorités n'intervenant toujours pas...
SF-875B
... et relâchant dans la semaine les pêcheurs clandestins que leur avaient sagement remis ceux de San Felipe.

Et puis un jour, un bateau de San Felipe ne rentra pas. La nuit passa, puis le lendemain, puis une autre nuit entière. À la fin du troisième jour, les familles des pêcheurs disparus scrutaient l'horizon, désespérées.
Quand soudain... dans la mangrove où personne n'avaient les yeux.
Eh ! Regardez là-bas !
... c'étaient eux !
... ceux de Dzilam... Ils nous ont chopés... J'ai cru qu'ils allaient nous tuer. D'ailleurs, c'est pas passé loin. Ça fait trois jours qu'on marche... avec Beto qui a les côtes cassées et qui peut presque plus respirer.
On en a encore vu dans notre zone, on est allés les voir, mais c'était un piège ! Y'avait trois autres lanchas qui nous ont abordés... ils sont montés et ont tabassés...
... et jetés à la flotte. Beto était inconscient.
Heureusement, avec Nacho, on a réussi à l'attraper et nager jusqu'à la rive, en pleine mangrove. On a longé la côte pour rentrer, en portant Beto, avec Nacho qui devait avoir la cheville pétée... on n'allait pas vite, on est arrivés, gracias a Dios...

Après ça, les gens de San Felipe ne pensaient plus qu'à la vengeance. Informées de l'incident, les autorités se sont réveillées et ont envoyé des troupes dans le port, pour empêcher les débordements.
Une nuit, le message a été passé à tous les pêcheurs des coopératives qu'un coup se préparait...
... et oublie pas, vieux, ceux qui viendront pas seront virés de la coopérative.
Ils sont tous partis à l'aube, en silence...
... et ils sont arrivés tous en même temps, à fond, en encerclant ceux de Dzilam !!
Il y avait une trentaine de pêcheurs de Dzilam et ceux de San Felipe étaient plus de cent... certains de Río Lagartos et des Coloradas étaient venus prêter main forte.

limite entre les zones de pêche
Plage
ABORDAGE
PORT
DZILAM
Phare
SAN FELIPE
Ils les ont abordés et ont pris le contrôle de leurs lanchas. La police attendait au port. Ils les ont emmenés sur la plage, et c'est là qu'ils se sont fait justice eux-mêmes. Dans l'abordage, un gars de Dzilam a perdu un bras, il est passé sous son moteur et sur la plage...
Pour finir, ils ont mis le feu aux lanchas de Dzilam, sauf deux, dans lesquelles ils ont mis tous ceux qu'ils avaient bastonnés, et ils les ont renvoyés à la mer...

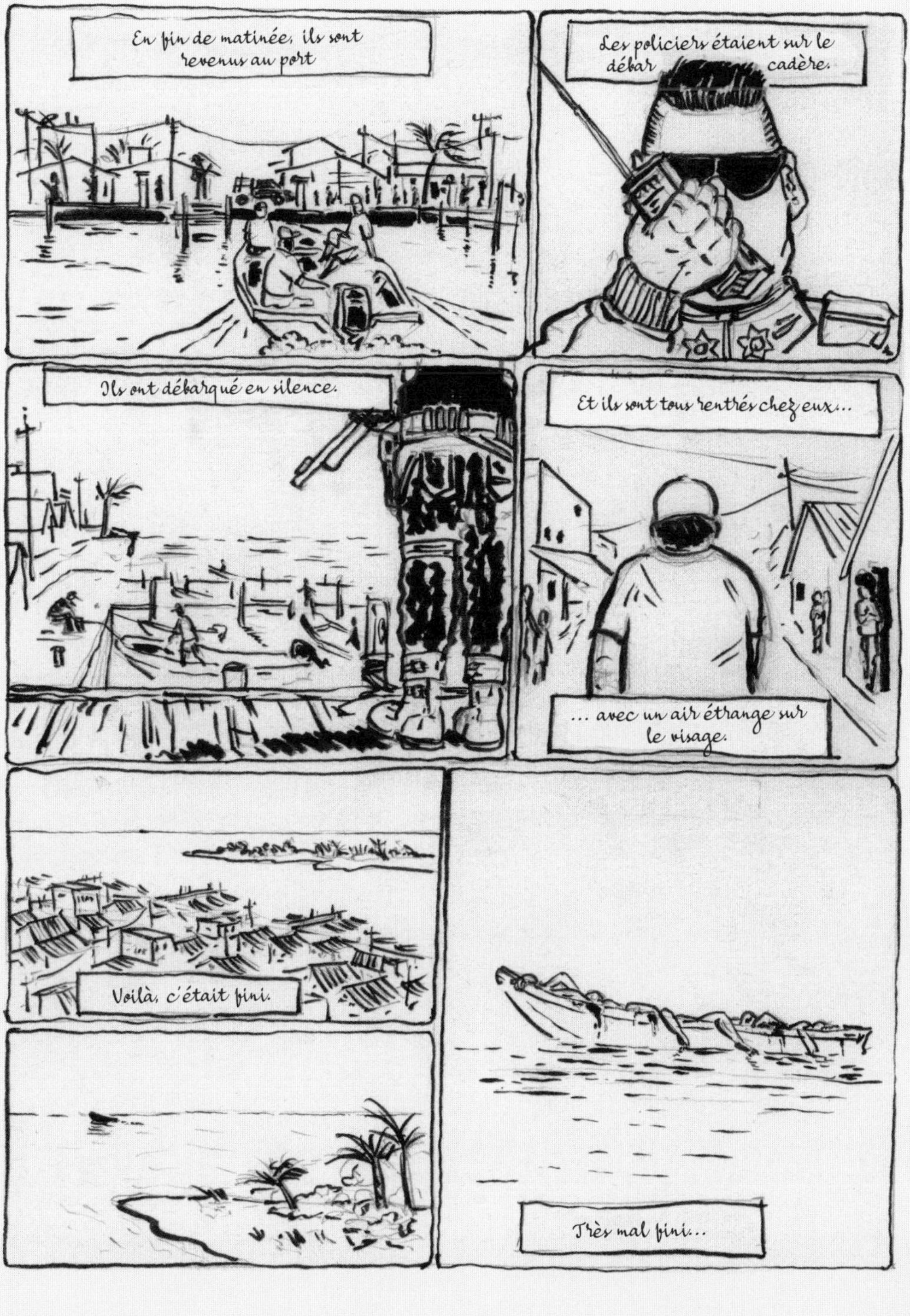
En fin de matinée, ils sont revenus au port
Les policiers étaient sur le débarcadère.
Ils ont débarqué en silence.
Et ils sont tous rentrés chez eux…
… avec un air étrange sur le visage.
Voilà, c'était fini.
Très mal fini…

• 25. Bien vivre à San Felipe

Si je suis venu à San Felipe, c'était en premier lieu pour réaliser un travail de recherche scientifique sur « les services des écosystèmes ». En l'occurrence l'écosystème d'un petit port de pêche mexicain.
Dans les lectures théoriques que j'ai épluchées pour me préparer, il était souvent question de décrire comment l'environnement peut contribuer au bien-être des gens. En fait, c'est peut-être la définition la plus concise qu'on puisse faire du concept de "service de l'écosystème". De nombreuses manières différentes, plus ou moins directes, l'environnement permet aux hommes et aux femmes qu'il entoure de bien vivre.
Mais avant de se plonger dans ces réflexions sur le lien entre homme et nature, il fallait d'abord comprendre concrètement ce que signifie ici le "bien-être". Une fois sur place à San Felipe, c'est l'une des premières questions à explorer. Qu'est-ce qui rend les gens heureux ici ?
C'est drôle car, dès mes premières discussions avec les gens d'ici, les mots *bien-estar* viennent spontanément à la bouche des habitants. Ils ont bien en tête cette notion de bien-être et de bien vivre.
Impossible de résumer en quelques lignes à quoi tient le bonheur de gens que je découvre à peine, c'est pourquoi je ne relève que les éléments les plus évidents. En tout premier, l'importance des relations sociales saute aux yeux. La communauté de San Felipe est juste assez petite pour que tout le monde se connaisse, au moins de vue (un peu plus de 2500 habitants). La famille est primordiale, et la santé et la sécurité de ses proches sont peut-être les premiers éléments indispensables au bien-être d'un habitant de San Felipe. Entretenir de bonnes relations avec les autres familles, les autres groupes, c'est aussi essentiel étant donné que l'on se croise plusieurs fois par jour, à scooter, dans la rue. À chaque fois, un geste de l'index accompagné d'un petit sifflement pour saluer.
En parlant de scooter, voilà les quelques éléments matériels d'importance dans une famille type de San Felipe :
- Les véhicules. La voiture, pour pouvoir sortir du port, se rendre à Tízimin, la grosse ville du coin à une heure de route ; le scooter, au moins un par adulte dans la famille, pour tous les déplacements dans le port, des dizaines dans la journée entre les différentes maisons de la famille. Le port du casque n'est pas arrivé jusqu'ici.
- Avoir une jolie maison fonctionnelle, une cuisine en état de marche, un endroit pour accueillir le dimanche.

Ensuite pour les pêcheurs, la grande majorité des hommes du port, le bien-être est clairement lié à l'état de son matériel de travail, et en tout premier lieu son moteur de bateau. C'est le bien le plus précieux pour le pêcheur, et il doit être entretenu à la perfection. Le bateau lui-même aussi bien sûr, la *lancha*.

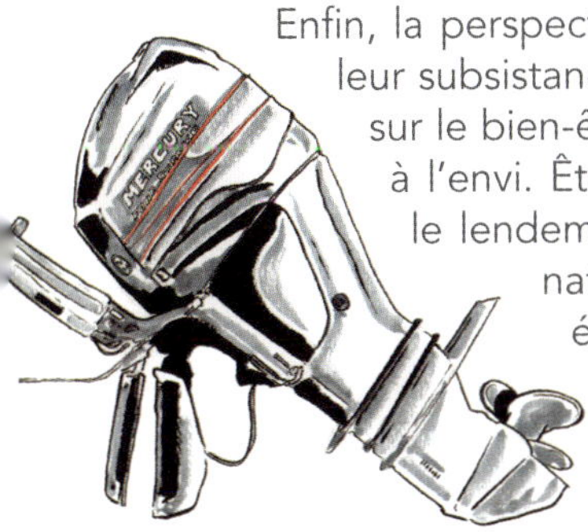

Enfin, la perspective d'une pêche durable et qui continue d'assurer leur subsistance, voilà quelque chose qui vient directement jouer sur le bien-être des habitants de San Felipe, ils le répètent tous à l'envi. Être pêcheur, c'est ne jamais savoir ce que réservera le lendemain, et vivre toujours dans l'angoisse de ce que la nature voudra bien offrir. Ce rapport au monde, qui était celui des premiers hommes, n'a pas changé dans un endroit comme San Felipe au XXIe siècle. C'est aussi ce qui fait de ce petit port un endroit privilégié pour observer et étudier la relation entre les hommes et l'environnement.

• Scooter et moteur de *lancha* sont des biens essentiels à la vie à San Felipe.

26. Pêche à la crevette avec Mimi •

Mimi et sa grande gueule se foutent bien de moi. Cela fait une demi-heure que je suis derrière elle dans sa *lanchita* (petite barque), à scruter le fond de l'eau avec mon épuisette en suspens, et je n'ai toujours pas attrapé ma première crevette, quand elle a déjà rempli un demi-seau à elle seule.
J'ai dit oui pour l'accompagner cette nuit et découvrir cette pêche. On a embarqué à deux dans ce tout petit esquif, que Mimi dirige d'une main

avec un très long bâton qu'elle plante dans la vase. Elle est harnachée à un sac qui porte une batterie de voiture, connectée à un projecteur qu'elle a attaché sur son front, m'ayant prêté sa lampe frontale. Son autre main libre tient une longue épuisette au ras de l'eau, prête à plonger. On longe doucement la mangrove aux abords du port, et le faisceau du projecteur balaye l'eau, entre les racines et les rochers.
Il faut apercevoir deux points rouges lumineux dans l'eau, ce sont les yeux des crevettes à moitié ensevelies, quand la lumière leur tombe dessus. C'est là que ça devient technique : un geste très sec, précis, où on envoie le bras et on braque le poignet pour emprisonner la crevette. Au moment où je pige enfin le truc, je suis déjà tout ankylosé. On continue à explorer la mangrove alors que minuit est passé. On croise parfois d'autres petites barques, sur lesquelles pêchent aussi des amies de Mimi. Il n'y a que des femmes sur l'eau. Cette pêche nocturne à la crevette est devenue une spécialité féminine, héritée de la Morena, la première à en avoir eu l'idée. Les crevettes, Mimi les congèle et les revend un bon prix aux restaurants du port. Mais le pic de la saison de pêche pour elle et ses commères pêcheuses, c'est pendant la saison du poulpe, que l'on appâte avec des têtes de crabes ; et ces crabes – les *maxkil*, leur nom en maya – s'attrapent comme les crevettes. À ce moment, les femmes pêcheuses deviennent alors les fournisseuses essentielles d'appâts pour tous les pêcheurs du port.

• Pêche à la crevette avec Mimi.

• Les outils de la pêche des femmes, et leurs proies : crevettes, *maxkil*, crabes fer-à-cheval…

Mimi hurle de terreur, et on manque de chavirer dans un mètre d'eau. « *Hijo de puta !* j'ai cru voir un putain de gros croco ! » Et elle éclate de rire, comme toujours. On rentre, il est 2h30 du matin.

27. Match de foot avec les vétérans •

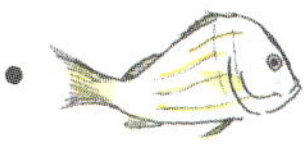

Match contre l'équipe des vétérans de Río Lagartos, avec les vétérans de San Felipe. Et le fils d'un vétéran, Ernesto, avec qui je fais la paire en attaque. Victoire 3-2 pour nous, un but pour moi, deux pour Ernesto. Nos adversaires n'apprécient qu'à moitié le recrutement maison, et les insultes pleuvent. Tout ça en me surnommant « Gignac », je suis comblé.

28. La *morenita* •

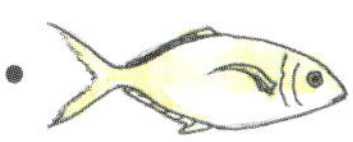

Une après-midi calme à la poissonnerie, c'est l'occasion de faire raconter à Doña Morena ses premières aventures de pêcheuse.
Elle était encore enfant quand elle a commencé à faire de la pêche (sous toutes ses formes) son gagne-pain :
« Au début je faisais la *gaviota*, comme les petits que tu vois aujourd'hui, qui attendent toute la journée les bateaux qui arrivent. Mais il y avait beaucoup de compétition et, pour une fille, ce n'était pas facile de s'imposer. Alors j'ai commencé à me balader le long de la mangrove, et je voyais plein de poissons qui nageaient tout près du bord. J'essayais de les pêcher, de les attraper avec un bâton *(elle rit)*... Et un jour, je suis tombée sur une grosse tortue, qui devait être blessée, elle tournait en rond. J'ai piqué un filet de mon grand-père et je l'ai capturée. Je l'ai hissée sur une cagette avec des roulettes, et je l'ai ramenée à la maison. Évidemment, je me suis fait crier dessus, mais pas longtemps, parce qu'on l'a fait cuire en entier, et ça nous a donné à manger pendant plusieurs jours, on a même pu en vendre aux gens qui passaient. »
La grande difficulté, ça a été de convaincre son grand-père, le chef de famille, qu'elle aussi pouvait être utile à la pêche.
« Pendant longtemps, je lui servais de vendeuse ambulante. Il rentrait avec le poisson, et m'envoyait faire le tour des maisons pour noter les commandes des gens. Je revenais, il préparait les colis et je repartais faire le tour des clients en leur déposant le poisson et en récoltant l'argent. J'étais contente de faire ça pour lui, mais c'était fatigant et pas très amusant... »
Jusqu'à aller à l'épreuve de force, du haut de sa dizaine d'années :
« Un jour, je lui ai demandé de m'emmener à la pêche. Il a refusé tout net. Alors je me suis fâchée et j'ai dit que je ne ferais plus la distribution au client. Ça m'a valu une énorme soufflante, et j'ai fini par retourner faire mes tournées des maisons... Il avait bien besoin de moi au final, mais il n'allait pas discuter avec une gosse.

• Chez le mécanicien, réparateur de moteurs en tout genre…

• Un arrêt de bus à Mérida.

• La vue en sortant du studio, au-dessus de la poissonnerie.

« Avant que le jour ne se lève, je l'entendais préparer ses filets et ses rames, et quitter la maison encore endormie. Plusieurs fois, je me suis levée et je l'ai suivie. Juste quand il grimpait sur son bateau je lui demandais : "*Abuelo* ! Je peux venir avec toi ?" La première fois, j'ai failli lui causer une crise cardiaque, ça a été pire que tout. Et bien sûr, il refusait toujours, en me criant à voix basse d'aller me recoucher.
Alors, une fois, je me suis levé avant lui, j'ai filé jusqu'à sa *lancha*, et je me suis cachée sous les filets. Je l'ai entendu monter, larguer les amarres et hisser les voiles. Quand on était déjà loin du port j'ai sorti ma tête... *Dios mio*... tu n'as pas idée de la tête qu'il a fait... J'ai vraiment eu très peur. Mais bon, c'était trop tard, il a bien été obligé de me garder avec lui. Je l'ai aidé comme je pouvais à remonter les filets, en restant bien silencieuse. C'est ce jour-là que quelque chose a changé... Je crois qu'il s'est résigné, j'étais trop têtue pour lui. »

- 29. Petits commerces ambulants

Tous les jours, à San Felipe, les petits commerces ambulants passent devant chez vous.
- La bouchère : la boucherie de San Felipe est tenue par deux sœurs, Licha et Norma. La dernière reste à la boutique, pendant que Licha fait une fois par jour le tour du village à scooter avec une glacière pleine de viande, scandant ce qu'elle a en stock.

- Licha, la bouchère ambulante.

- Plusieurs fois par jour, des voitures débarquent de villages de l'intérieur des terres, le coffre rempli de fruits et légumes, et roulent au pas dans les rues avec des petits coups de klaxons pour rameuter les clients.
- « *Helooooootes Encochaaaaados* » (« maïs bouilli »), cette rengaine, j'ai dû l'entendre des milliers de fois depuis que je suis là, toujours avec le même ton plaintif, qu'on s'amuse beaucoup à imiter avec les enfants. C'est la vendeuse d'épis de maïs donc, très charmante du reste, qui passe dans les rues avec son immense plateau en équilibre sur sa tête.
- Le *tepachero*, c'est le vendeur de jus pressés, un régal ! Il a des dizaines de parfums différents, et les enfants adorent m'en faire découvrir à chaque fois des nouveaux : jus de cocombre, jus de maïs, jus de canne…
- Le *panadero*, c'est lui qui a le plus de succès, à chaque fois. C'est un petit bonhomme joufflu d'une douzaine d'années, qui conduit un triporteur avec une immense caisse en bois remplie de pâtisseries, de gâteaux et de biscuits en tout genre. En dessous, il y a un coffre avec des gros pains chauds. Les enfants se ruent sur lui, chacun repart avec son petit gâteau, et on lui achète un pain pour le repas.

Le *panadero* ne parle quasiment jamais, il compte la monnaie dans sa banane, rend le change, puis se lève sur les pédales pour faire avancer péniblement sa machine bien chargée, et repart en zigzag.

• Le *panadero*.

30. Le (peu de) tourisme à San Felipe •

Il y a quelque chose que je n'explique pas pour l'instant : l'absence de touristes à San Felipe. Alors qu'à Río Lagartos, à 8 km de là, il y a des tours organisés, plein d'hôtels et de restaurants, et des guides qui abordent les Blancs pour proposer des balades en bateau dans la mangrove. Ici, il n'y a qu'un seul hôtel, et je n'ai jamais vu quelqu'un y entrer.

Parfois, lors des jours fériés, quelques cars arrivent, avec à leur bord une petite cinquantaine de personnes, des familles venant de Tízimin surtout. Ils viennent passer la journée à la plage. La plage de San Felipe est un décor de carte postale d'ailleurs, c'est étrange qu'elle soit si peu fréquentée.

C'est sûrement dû, en partie au moins, aux services touristiques proposés : pour aller à la plage, il faut prendre le bateau pour traverser la lagune. Et cette traversée, seuls les *lancheros* ont le droit de la proposer à un touriste éventuel. Les *lancheros*, c'est une bande de vieux grigous, la plupart édentés, qui passent leurs journées entières sous une paillote à discuter, jouer aux cartes, parler très fort et vider des canettes de

Tecate Light. Le « ponton touristique » à côté duquel ils sont postés est à cinquante mètres de la poissonnerie de Doña Morena. Je les vois même de ma chambre, je suis donc bien au courant de leurs activités. Ils ont l'air plutôt sympathiques.
J'ai demandé à la famille comment fonctionnaient leurs affaires. C'est difficile à bien comprendre, mais apparemment, ils sont employés d'un gars de San Felipe, qui a réussi à faire valider une licence touristique auprès de la mairie, qui interdit à quiconque autre que lui ou ses employés de convoyer des touristes à la plage.
C'est peut-être un élément de réponse à la question de l'absence de tourisme à San Felipe : pour l'instant, personne ne s'est vraiment intéressé au développement de ce secteur.
Quand j'en discute avec les membres de la famille, c'est justement un sujet qui les intéresse beaucoup. Ils ont l'idée de proposer, un jour, des séjours touristiques « participatifs », en emmenant les gens pêcher avec eux, les faisant cuisiner leurs pêches et en les logeant au-dessus de la poissonnerie, là même où je suis actuellement. En fait, je suis quelque part une sorte de testeur de ce nouveau genre de tourisme, qui pourrait avoir un vrai succès auprès d'Occidentaux en quête de découverte authentique de la région.
Tocho et Marcial caressent même l'idée de monter une « coopérative de tourisme », qu'ils appelleraient *Ximbal Maya*, « Le chemin maya ». Il y a fort à parier que les choses changent dans les années à venir, et que les *lancheros* sous leur paillote soient vite dépassés.

• 31. Freddy le médecin

En pleine session de levage de filets de carangues, un jeune homme avec des petites lunettes rondes, une fine barbichette et les épaules couvertes d'une blouse blanche trop petite fait irruption dans la poissonnerie.
C'est Freddy, le médecin de San Felipe. Il se présente, très avenant, et très intéressé de savoir ce que je fais là.
« Génial que tu sois là ! Moi c'est Freddy, je suis le médecin/infirmier de San Felipe. Aujourd'hui, je vaccine contre la grippe. Tu vois ici, c'est un petit village, si quelqu'un est malade, c'est vite l'épidémie. Alors je prends les devants, et je fais le tour des maisons pour vacciner les petits… et les vieux. Mais je vaccine aussi tous ceux qui veulent hein. Ça fait jamais de mal ! Tu veux te vacciner toi ? »
J'étais plutôt parti pour dire non, mais je vois toute la famille qui s'exécute, disciplinée, y compris Tocho ! Donc, pourquoi pas, j'y passe aussi. Aussitôt dit, aussitôt fait, Freddy salue tout le monde, remballe son matos et reprend sa tournée, suivi par son infirmière que je n'avais même pas remarquée.

• Les *lancheros*, en plein travail…

32. Doña Morena, *presidenta municipal* •

Elle n'aime pas tellement parler d'elle, mais en la tannant, j'ai fini par en apprendre plus sur la Doña Morena maire de San Felipe.

Aujourd'hui, elle se fait plutôt discrète dans le port. Elle me dit qu'elle n'aime plus trop assister aux événements publics, avec beaucoup de monde. Et pour ce qui est de la politique, comme elle me l'a déjà dit, elle ne veut plus jouer aucun rôle.

Comme je ne trouve rien à redire, elle me regarde, amusée, et me glisse : « Ça n'a pas toujours été comme ça hein… ». Et alors elle me sort les albums photo, surtout ceux relatant sa campagne pour le poste de *presidenta municipal*, maire de San Felipe.

C'est impressionnant. Sur de longues séries de clichés, des défilés de centaines de personnes à pied, à scooter, en voiture, qui suivent une Doña Morena juste un peu plus apprêtée qu'aujourd'hui. D'autres photos la montrent sur une estrade, prononçant son discours d'investiture, et là aussi, je suis estomaqué par la foule qu'on aperçoit.

• Doña Morena, à son bureau, notant les pesées de poissons.

Cela me fait prendre conscience que Doña Morena a été, et reste sûrement, un personnage public important de San Felipe. Devenue en 2010 la première femme à accéder au poste de maire, elle a rassemblé un bon millier d'habitants du port, au moins, lors de sa campagne. Ce qu'elle ne serait plus prête à faire assure-t-elle. Ici, les campagnes politiques sont prises très au sérieux, et donnent lieu à d'innombrables défilés et fêtes en tout genre.

• 33. Pêche des femmes

Lancée sur le sujet de ses jeunes années – bien qu'on puisse difficilement imaginer qu'elle soit déjà grand-mère –, Doña Morena évoque rapidement la coopérative féminine qu'elle avait initiée avec son amie Lourdes.
Après avoir fait accepter à son grand-père qu'elle aussi pouvait être pêcheuse, Morena et Lourdes se sont essayées à plusieurs types de pêche : le filet, le palangre, la traîne à la *picuda* (barracuda) qui est la préférée de Doña Morena. Mais tout cela demande de posséder une *lancha* et un moteur, ce qui est très rare pour une femme à San Felipe. C'est avec la pêche aux crustacés, sur les bords de la mangrove, que les deux copines ont pu vraiment convaincre d'autres femmes de les rejoindre. Fortes d'une petite vingtaine de pêcheuses, ces femmes se sont constituées en une coopérative exclusivement féminine. À l'image des coopératives historiques, l'idée était de collectiviser les prises de décision et les gains de leur pêche, pour en faire une activité pérenne.

La coopérative a vécu quelques années, mais quand Doña Morena et Doña Lourdes s'en sont retirées, la dynamique s'est essoufflée. Cependant, les filles et parfois petites-filles des premières pêcheuses ont été initiées et sont elles-mêmes devenues des pêcheuses de crabes et de crevettes reconnues par tous, à l'image de Mimi. Il y a même deux femmes, dont Sandy, la fille de Doña Lourdes, qui ont intégré les coopératives de San Felipe, après s'être procuré une *lancha*.

Cette histoire vaut la peine que l'on s'y attarde, car il ne doit pas en exister beaucoup de semblables, dans l'histoire des communautés de pêcheurs du monde entier. C'est une activité profondément associée à la virilité, au mythe masculin à travers les cultures. La pêche est le métier ancestral de l'homme par excellence, qui se confronte aux éléments, à la nature, et en tire de quoi nourrir sa famille.
Cet exemple de femmes prenant goût à la pêche, et revendiquant la légitimité d'en faire leur métier, jusqu'à créer une coopérative et une tradition féminine de pêcheuses, est une belle découverte dans ce petit port reculé et isolé du Mexique.

34. Disparition de Pichel •

• Pichel.

La voiture haut-parleur de la mairie passe de bonne heure en scandant un message glaçant : un bateau n'est pas rentré de sa nuit de pêche.
C'est Pichel. Un grand barbu aux cheveux gris, massif, impressionnant, un look de Hells Angels. Je l'ai croisé souvent, car il amarre sa *lancha* vers le ponton commercial, juste à côté de la poissonnerie. Il est sorti la veille au soir, avec un matelot, pêcher au filet loin au large.
Le haut-parleur qui sillonne les rues fait appel aux bonnes volontés des pêcheurs, le rendez-vous est donné à la coopérative Legitimos pour organiser les recherches. Toute la journée, les *lanchas* de San Felipe quadrillent la mer en se relayant, sans succès. Il y a beaucoup de vent, des vagues et pas de soleil. La mer est grise et se confond avec le ciel, ce qui rend les recherches difficiles.
Le soir tombe, les pêcheurs rentrent au port et une deuxième nuit s'étire sans que Pichel soit revenu. Tout le monde parle de ça dans le port, et une grande foule s'attroupe sur le ponton où Pichel devrait être amarré, autour de sa famille. Ils ont allumé un brasero. Au dîner en famille, certains commencent à dire qu'on ne le retrouvera peut-être plus. L'expérience a montré qu'après vingt-quatre heures, les chances de retrouver un pêcheur perdu s'amincissent très vite.
Ils l'ont retrouvé à l'aube. La mer s'était un peu calmée, et ils ont pu le repérer, très loin à l'ouest. Son moteur était tombé en panne et le vent l'avait vite poussé bien au-delà de la zone de pêche de San Felipe.

Presque inconscients et déshydratés, Pichel et son matelot ont été emmenés à l'hôpital à Tízimin.

• 35. La stratégie commerciale des poissons "économiques" de Doña Morena

• Mari.

Lors d'un trajet dans la fourgonnette de la poissonnerie, pour acheminer du poisson aux restaurants de Río Lagartos, Doña Morena m'expose sa stratégie commerciale, pleine de bon sens économique… et écologique. À part le poulpe, pour lequel elle contracte sa flotte de pêcheurs venus de Santa Rosa, Doña Morena a décidé de ne pas faire de demande de licences pour les espèces les plus cotées : langouste, mérou et *pepino* – sauf cette année, mais j'y reviendrai.
Ces espèces se vendent plus cher, mais concentrent le plus d'efforts de pêche dans le port – le temps passé en mer par pêcheur –, et se consacrer à pêcher et vendre ces espèces plongerait Doña Morena dans la concurrence avec les coopératives et les autres *permisionarios* en pleine expansion, Catarino et ses frères.
Alors elle a opté pour une autre stratégie : les poissons économiques. C'est elle-même qui les catégorise ainsi. Les poissons se vendant beaucoup moins chers aux consommateurs, et s'achetant à bon prix aux pêcheurs. La *pacotilla*, selon le terme qui désigne tous les petits poissons destinés à

la friture, aux soupes et ceviches. Doña Morena s'est ainsi fait une clientèle habituée auprès des restaurants locaux et des particuliers. Cela lui demande de faire des tournées régulières et elle ne gagne pas énormément sur chaque vente, mais elle peut travailler toute l'année, sa pêche n'étant pas régulée par des saisons d'ouverture.
Un exemple très intéressant dans cette stratégie est celui du bagre. Ce poisson vorace qui ressemble à un énorme poisson-chat pullule dans les eaux troubles du port et au bord des mangroves. Doté d'une mâchoire très puissante ainsi que d'une épine dorsale acérée, c'est un cauchemar pour le détacher d'un hameçon. Et évidemment, il n'a aucune valeur. Ce qui fait que les pêcheurs le détestent, et se débarrassent généralement d'un bagre qu'ils attrapent en le fracassant sur la coque du bateau, contents de le détacher de la ligne, et encore plus s'ils l'ont tué.

• Paxi.

Doña Morena, elle, a pris le parti de commercialiser le bagre. Faisant valoir son expérience de cuisinière professionnelle, elle a convaincu ses clients et les restaurants de le manger, servi en filets panés. Et elle a donc créé une demande pour ce poisson mal-aimé, qui permet aux pêcheurs les moins équipés, et souvent les plus précaires, de se faire un peu d'argent en venant lui vendre les bagres qu'ils attrapent près du port. Le frère de Doña Morena par exemple, Pachi, n'ayant pas assez d'argent pour avoir une *lancha* et un moteur puissant, sort chaque jour pêcher juste devant les pontons, vient vendre à sa sœur sa pêche du jour et peut en tirer quelques dizaines de pesos. Il faut ensuite couper les terribles épines et ouvrir ces poissons à la peau glissante, mais une fois levés, les filets sont tout à fait appétissants.
Cette logique de vente de poissons économiques, consommés localement, permet à l'entreprise de Doña Morena de tirer son épingle

du jeu à San Felipe, tout en ayant des bienfaits écologiques – moins de pression sur les espèces plus cotées –, et sociaux – du travail donné aux pêcheurs les moins armés pour la concurrence.

• 36. Lien entre communauté et écosystème

Cela fait presque deux mois que je suis à San Felipe. Ce que j'ai observé de la vie du port, les activités auxquelles j'ai participé et les histoires que l'on m'a racontées… tout cela me donne déjà un aperçu assez complet de la relation entre les habitants du port et l'environnement, et me permet de traduire concrètement quelques concepts théoriques :

Le « socio-écosystème ».

Un écosystème regroupe l'environnement d'un endroit donné et les espèces qui vivent dedans. Les hommes y sont comptés, mais on a en plus développé le concept de « socio-écosystème » pour inclure l'organisation d'une communauté humaine dans cet ensemble, avec tout ce que cela implique comme impacts sur l'environnement.

À San Felipe, on peut clairement identifier le socio-écosystème composé de cette large zone de mer peu profonde, des mangroves et de la plage, où vivent et se reproduisent nombre d'espèces marines différentes ainsi que des oiseaux ; et d'un port où vivent, en familles, environ deux mille personnes se consacrant pour la plupart à la pêche.

Voilà pour un résumé très simplifié du socio-écosystème de San Felipe.

(À noter : un élément qui permet une analyse aussi claire, c'est le fait que San Felipe soit isolé géographiquement. Ici, il y a la mer, la mangrove, les hommes, et voilà tout.)

Mais ce qui est beaucoup plus important à analyser, ce sont toutes les interactions entre les différentes composantes de ce socio-écosystème. C'est là qu'intervient le concept de « service de l'écosystème ».

Les « services de l'écosystème ».

Voilà un concept star, qu'on retrouve à tout bout de champs dans les articles scientifiques traitant de la protection de l'environnement, de sa conservation, et du lien entre les hommes et la nature. En théorie, les services de l'écosystème sont tout ce qui est produit par la nature et qui bénéficie à l'homme. Un exemple évident, c'est la respiration des arbres, qui produit de l'oxygène à travers la photosynthèse, et permet donc aux hommes de respirer. Mais c'est un exemple facile, et très générique. Expliquer les services des écosystèmes de manière plus précise et plus locale est beaucoup moins aisé. Surtout dans le monde actuel, de plus en plus urbanisé et connecté, où tout se mélange quelque peu.

Des chercheurs du Stockholm Resilience Center ont cherché à décomposer les services des écosystèmes, en différents maillons d'une même chaîne, qui va des « stocks » de l'écosystème jusqu'à la communauté, en passant

par les « flux », les « biens », et les « valeurs ».
Là encore, l'exemple de San Felipe est utile, car on peut appliquer cette idée de chaîne aux éléments concrets observés ici, et donner un sens à tout ça :
- Les stocks : la grande superficie d'eau peu profonde, les mangroves, la plage… (les points de suspension signifient qu'il peut y en avoir d'autres.)
- Les flux : les petites grottes sous-marines, les fonds sableux, les champs de posidonies, les zones de reproduction abritées dans les mangroves, les endroits agréables à visiter…
- Les biens : les poissons, les poulpes et tout ce qui se pêche, les abris en cas d'ouragan, le tourisme…
- Les valeurs : l'argent qu'on peut tirer de la pêche ou de tout cela, et la protection des maisons et des bateaux offerts par la mangrove.
Et ces valeurs bénéficient à la communauté : pêcheurs, entreprises, familles.
Tout cela s'entend beaucoup plus intuitivement dans un joli diagramme.
L'idée principale avancée par les chercheurs du Stockholm Resilience Center, qui se vérifie bien à San Felipe, c'est l'interdépendance entre la communauté et les différents maillons de la chaîne des services de l'écosystème : ces derniers bénéficient aux hommes, mais les hommes et leurs actions peuvent aussi leur bénéficier et les préserver.
Et la première conclusion qui ressort de ce travail d'observation à San Felipe, c'est que pour préserver les services de l'écosystème, il faut des actions collectives. La restauration de la mangrove à Kambulnah, les saisons de pêche et l'auto-régulation des coopératives, la protection de la zone contre la pêche clandestine… les actions des hommes et des femmes de San Felipe ne peuvent être efficaces que si l'ensemble (ou au moins la majorité) de la communauté y adhère. C'est un premier point essentiel à la bonne santé d'un socio-écosystème comme celui de San Felipe : une communauté soudée, et solidaire.

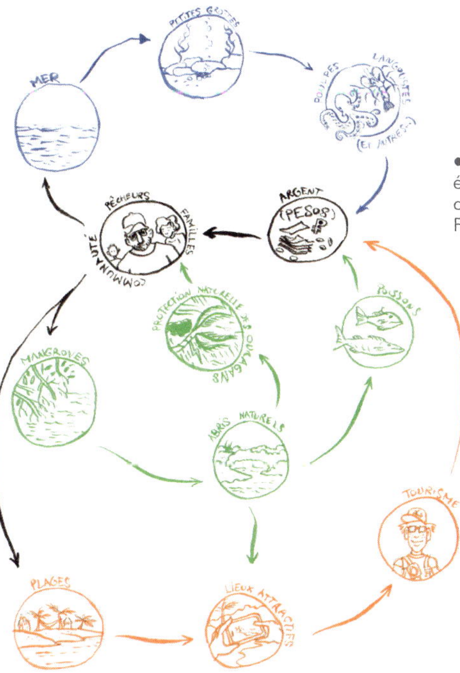

• Les services des écosystèmes liés à la communauté de San Felipe.

• Vue des quais, assis dans la *lancha* de Tocho.

• Le *malecon*.

• 37. Contrôler la pêche

Comme cela a été décrit plus tôt, la pêche à San Felipe est bien réglementée : des saisons d'ouverture pour chaque espèce, des tailles minimales de capture à respecter, des zones protégées…
Ces règles sont pour la plupart imposées par l'organisme d'État régulant la pêche dans le Yucatán (La PROPESCA). Mais celle-ci n'a aucunement les moyens de contrôler efficacement qu'elles sont respectées à travers l'État, ce qui donne lieu à beaucoup de pêche clandestine.
À San Felipe, la présence des coopératives change la donne. Les règles ont été acceptées et sont jugées bénéfiques par les pêcheurs. Ce sont des coopératives que vient le contrôle de ces règles, et il se fait à quai, de manière assez simple : chaque pêche différente demande un matériel bien précis. Compresseur pour la langouste et le *pepino*, palangre pour le mérou, et *jimbas* (longs bambous), pour le poulpe. Ces différents équipements sont impossibles à cacher sur une *lancha*, et il suffit donc aux responsables des coopératives de faire des tours réguliers dans le port, en inspectant le matériel embarqué sur chaque *lancha*, pour s'assurer que personne ne triche sur les saisons.
Pour les tailles minimales de capture des poissons, les coopératives ne peuvent contrôler que les prises de leurs pêcheurs, et pas celles vendues aux entreprises privées, grandes ou petites.

• 38. *Pepino* : la ruée vers l'or stoppée net

Les textos arrivent de partout : Tocho, Doña Morena, Mimi, Rebecca… Je sors d'un rendez-vous avec la doctora Julia Fraga, à Mérida, où je suis revenu quelques jours pour faire un point avec elle sur l'avancée du mémoire.
« La pêche au *pepino* commence demain ! Reviens vite ! »
J'avais prévenu la *doctora*, c'était imminent. Tenue secrète par le département de contrôle de la pêche, l'ouverture de la saison du *pepino* est annoncée seulement la veille, et alors c'est le branle-bas de combat. Je dois y participer comme équipier avec Tocho, et je saute donc le lendemain dans le bus pour San Felipe.
J'arrive le soir du jour de l'ouverture de la pêche. Sur mon trajet pour rentrer à la poissonnerie, il y a une atmosphère très inhabituelle. Au lieu des rues presque désertes et calmes de la nuit tombée sur le port, des grappes d'hommes déambulent un peu partout. Ce sont des visages sombres d'inconnus, d'étrangers à San Felipe, qui m'observent passer avec mon sac.
Je comprends tout seul que ce sont les *pepineros*, les pêcheurs venus spécialement pour la pêche au *pepino*, engagés pour dix jours par les

• Les *pepineros* sont arrivés au port, l'ambiance est fiévreuse.

entreprises privées. L'image des *Raisins de la colère* me vient en tête : ces personnages du livre de Steinbeck, travailleurs saisonniers qui suivent le calendrier des récoltes, payés à la journée.
Arrivé à la poissonnerie, je vois que toute la famille est là. Je sens immédiatement de l'électricité dans l'air. Demandant comment s'est passé le premier jour de pêche, Doña Morena me répond gravement après un silence : « Personne n'est sorti pêcher. Les coopératives bloquent le port ».
Marcial n'est pas là. Contrairement à d'habitude, Tocho n'a pas l'air très à l'aise. C'est lui qui m'explique plus clairement la situation. Voilà ce que je saisis sur le moment : les coopératives n'ont pas trouvé d'acheteurs pour le *pepino*. Je comprends à moitié que le système est le suivant : les coopératives et les entreprises signent un accord avec un ou plusieurs acheteurs avant la saison de pêche, dans lequel est convenue une somme d'argent. Cet argent est donné en échange d'un volume de *pepinos* à livrer à l'acheteur au bout des dix jours. Cette année, les coopératives n'ont pas signé d'accord, faute d'acheteur intéressé ; à l'inverse, des entreprises privées qui, regroupées sous le Frente Unido de Catarino, ont signé un accord avec Monsieur Velazquez, le plus gros acheteur de *pepinos* de la région (et peut-être même du Mexique tout court).
Voilà le nœud du problème : les centaines de pêcheurs appartenant aux coopératives sont, de fait, exclus de la saison du *pepino*, n'ayant trouvé personne pour leur acheter. N'acceptant pas cette situation, un appel a été lancé à tous les *socios* des coopératives : sortir leur *lancha* et aller bloquer l'accès à la mer à travers la mangrove. Ceux qui essaieront de forcer le passage se feront brûler leurs bateaux.
Voilà donc où est Marcial : sur l'eau, dans le blocus. Et Tocho s'en va d'ailleurs le retrouver, il était revenu pour donner quelques nouvelles.
Une fois qu'il est parti, les langues se délient : Doña Morena et Don Lalo sont furieux, eux font partie du Frente Unido, et avaient décidé pour la première année de tenter le pari du *pepino*. Ils ont recruté deux équipages de pêcheurs saisonniers, venant de l'État de Campeche voisin. Et après ce premier jour de pêche où aucun *pepino* n'est sorti de l'eau, ils ont été obligés de dédommager des pêcheurs frustrés, en nourriture et en bières, aux frais de l'entreprise.
Mimi reste interdite. Son mari Tocho fait partie de la coopérative et la loyauté le pousse, et elle aussi, à rester solidaires des coopératives. Mais elle comptait aussi sur l'argent du *pepino* pour avancer les travaux de la maison, et là, c'est à ça qu'elle pense. Elle ne comprend pas le choix de ne pas aller pêcher qui, pour elle, n'avance personne à rien. Rebecca critique aussi l'attitude des gars des coopératives. La famille ne comprend pas ce qu'ils veulent, à quoi cela va-t-il leur servir ?

En ce moment même, m'explique-t-on, une réunion de crise se tient depuis la mi-journée avec Catarino, les présidents des coopératives, les représentants de l'acheteur de *pepinos*, et le maire de San Felipe.
« Je peux vous dire que la nuit ne va pas les arrêter. Ils ne sortiront pas sans avoir trouvé une solution. Sinon c'est l'émeute… », opine sombrement Doña Morena.
Je vais me coucher, exténué du voyage, et des efforts pour comprendre cette situation qui crée tant de tensions dans le port, et dans la famille.

39. Comment on pêche le *pepino* •

À cinq heures du matin, on toque à la porte métallique de la chambre que j'occupe au-dessus de la poissonnerie. Je vais ouvrir péniblement, c'est Tocho : « On part pêcher, si ça te dit, habille-toi ! »
Les coopératives ont fini par trouver un accord dans la nuit avec Catarino et son acheteur. Pas vraiment le temps de demander plus de détails,

• La pêche au *pepino*, vol plané sous-marin.

LA CIEGA
À l'époque, mon fils ne voulait pas y aller.

Je me rappelle le soir d'avant, il était rentré triste de la réunion à la coopérative.
Il disait qu'il n'avait aucune envie de faire le blocus, que ça causerait des bagarres... et il n'aime pas se battre.
Mais il disait qu'il n'avait pas le choix. Pour les primes déjà... Ils avaient dit qu'ils ne les donneraient pas à ceux qui ne viendraient pas.
Parce que c'étaient des traîtres.
Alors il y est allé, il était bien obligé.

Vers midi, il est revenu à la maison.
Moi, je n'étais pas sortie comme les autres qui font les poules curieuses dès qu'ils peuvent.
Il s'est assis et il m'a juste dit que le vieux Tony Chevez était blessé, qu'on lui avait tiré dessus.
Et il m'a dit : « Maintenant, ils ne vont plus s'arrêter, mama, ça va être atroce... »
On a fermé les volets et les portes.
On est restés là sans trop parler jusqu'à la fin de l'après-midi.
On entendait les cris et beaucoup de bruit. On habite derrière « l'hôtel » et c'est là qu'ils étaient tous.
On a senti la fumée et des cris pendant longtemps.
Quand on est sortis, juste avant la nuit, l'hôtel avait brûlé. Il n'y avait plus rien, à part les piliers de ciment noirs.
Et plus personne nulle part.

Moi, je comprends mon fils.
Qu'est-ce qu'on doit à la coopérative aujourd'hui ? Rien.
C'est mon grand-père qui a fondé cette coopérative, avec les vieux, Mundo, Teofilo Baaras, Feli... il n'en reste plus beaucoup de ceux-là.
Qu'est-ce qu'ils pensaient arranger en bloquant la pêche ?
C'était avant qu'il fallait réfléchir ! ils ne pensent pas en amont, ils ne font que crier quand il sont face aux problèmes...
Mon grand-père n'aurait jamais bloqué la pêche, c'était sacré pour lui.
Mais bon, les choses étaient différentes. Peut-être que c'est plus difficile aujourd'hui, je ne sais pas.
Je n'ai jamais pu savoir car ils ne m'ont jamais acceptée dans la coopérative.

• Le compresseur "maison".

d'autant que Tocho les ignore sûrement. On retrouve Bokis, son oncle, venu de Panabá. Il l'épaule depuis plusieurs années dans la pêche au *pepino*. On achète un casse-croûte et on embarque, cap au large des Coloradas, où l'on aurait signalé les plus grosses concentrations de *pepinos*.

Bokis est à la barre, Tocho et moi nous équipons pour plonger. Voilà comment se pêche le *pepino* ici : une fois arrivé dans la zone, le plongeur se jette à l'eau, avec un grand sac en filet. Il lui faut des gants, des palmes, une ceinture de plomb, et un détendeur de plongée, connecté par un tuyau en plastique long d'une cinquantaine de mètres au compresseur fixé au milieu de la *lancha*.

• Bokis, le barreur, avec le tuyau à air dans la main.

Le compresseur est assemblé de manière plutôt artisanale : un moteur de débroussailleuse entraîne un filtre à air, qui aspire et envoie l'air dans un fût de bière vide de trente litres. L'air est comprimé dans le fût, puis envoyé à travers le long tuyau dans le détendeur du plongeur.

Une fois que le plongeur est au fond (entre 5 et 15 mètres selon les endroits), la *lancha* se met en route, et quadrille la zone de pêche, à environ 3 nœuds de moyenne. Le barreur assure le tracé en évitant les autres *lanchas*, et le plongeur est tracté par le tuyau qui lui envoie l'air, qui est attaché dans son dos à la ceinture de plombs avant d'arriver dans sa bouche par le détendeur.

Après une première session de plongée de Tocho de deux heures environ, pendant laquelle je me suis endormi, alors que le soleil surgissait de l'horizon et inondait la mer et le ciel d'une incroyable lumière rouge,

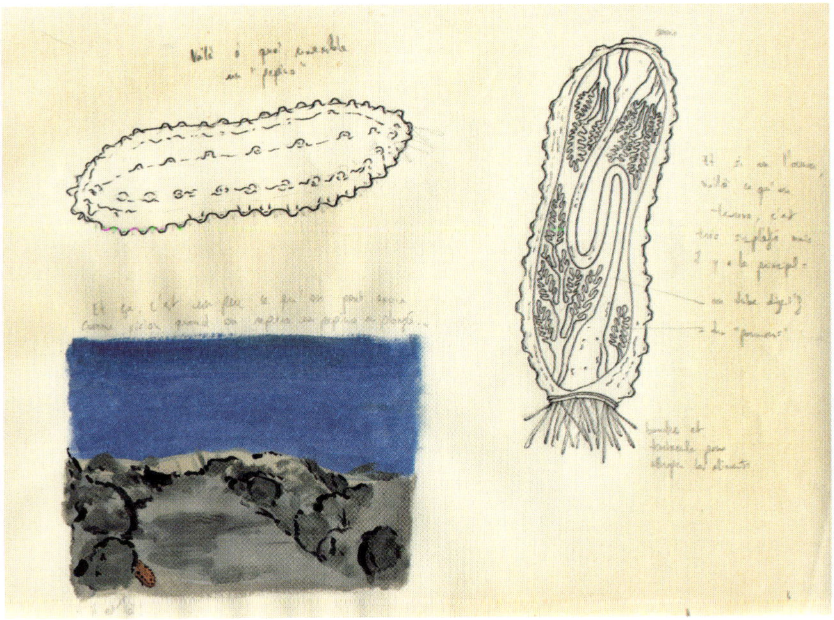

c'est à mon tour. Bokis m'explique comment je dois communiquer avec lui quand je suis sous l'eau : un coup sec tiré sur le tuyau qu'il garde en permanence dans sa main, et il s'arrête. Un autre coup, il repart. Deux coups, c'est que le sac est rempli de *pepinos*, et il le remonte accroché au tuyau. Trois coups d'affilée, il remonte le plongeur. Le briefing est rapide comparé aux cours de plongée que j'ai eus. Je descends, je tire un coup sur le tuyau, et c'est parti. Je me retrouve tracté, à planer au-dessus de ce fond de sable, de prairies d'algues et de petits rochers, dans la lumière du matin qui traverse l'eau transparente. C'est assez surréaliste, et je mets plusieurs minutes à me souvenir de ce que je suis venu faire là. Les *pepinos*… il faut scruter méthodiquement le fond, surtout les zones sableuses, où ils ont l'air d'aimer se mettre, un peu à l'abri d'un rocher. Quand on en repère un, on oriente les palmes, pour descendre le cueillir et le glisser dans le filet. Si on se rate, il faut tirer le tuyau, la *lancha* s'arrête, et on retourne en palmant là où on a manqué sa proie, pour la ramasser. C'est une sensation grisante, on devient un oiseau de proie.
Mais il faut dire que mon œil peu entraîné ne voit pas beaucoup de *pepinos*, et je passe de longues minutes, qui paraissent des heures, à glisser dans l'eau, au-dessus de ce fond plat qui ne change jamais vraiment. Jusqu'à ce que le froid engourdisse mon cerveau, et que je me rende compte que je ne sens plus mes mains et mes pieds. Je tire trois fois, Bokis s'arrête et le tuyau remonte, me hissant vers la surface. Les deux éclatent de rire en voyant mes lèvres bleues, j'ai du mal à articuler, et à tendre à Tocho mon sac à moitié rempli de *pepinos*. Une heure sous l'eau, c'est pas mal pour une première plongée apparemment. Tocho ne perd pas de temps, il me reprend le détendeur, l'accroche et plonge à peine après que je suis sorti de l'eau. Il y restera trois heures durant…

MALECÓN
GERARDO CHAN
BUD-Light
CANTINA
EL POPULAR
VASELINA
CANTINA
El Popular
CANTIN
SE VENDE:
PESCADO
FRITO X
ORDEN Y
KILOS
CEVICHES
COCKTELES
EMPANIZADOS
TECATE
LIGHT

La journée du blocus ? Pffft... rien à dire là-dessus.
AGLP
TECATE
À part que ce serait jamais arrivé de notre temps ! Ça fait cinquante ans qu'on va pêcher... c'est même nous qui l'avons créé cette coopérative ! Mais c'est la première fois que je vois un truc comme ça. .. De toutes façons, j'y comprends plus rien à leurs histoires, et tout ça pour le foutu pepino !!!

• 40. L'économie du *pepino*

La pêche au concombre de mer est un phénomène qui s'est répandu à travers beaucoup de mers dans le monde ces dix dernières années. Une fois séché, il se vend sur les marchés asiatiques comme un mets de luxe aux vertus aphrodisiaques, souvent plus de 100 dollars le kilo. Le prix d'achat au pêcheur à San Felipe est de 100 pesos, soit 5 dollars environ. Une fois sortis de l'eau, les *pepinos* sont vidés par les pêcheurs, avant d'être pesés. C'est ce poids qui sera payé à chaque pêcheur à la fin de la saison de pêche. Ensuite, ils sont séchés sur place, dans les villages du Yucatán. Ils sont d'abord jetés dans d'immenses marmites d'eau bouillante installées dans les mangroves alentour. Bouillis pendant des heures pour leur extirper tout le sel, les *pepinos* sont ensuite dispersés sur des nattes au soleil, où ils restent pendant plusieurs jours, régulièrement retournés. Ils se déhydratent et perdent 90 % de leur volume.

Enfin, une fois totalement secs, ils sont conditionnés en barquettes d'un kilo, et c'est sous cette forme qu'ils seront remis aux intermédiaires, puis exportés en Asie.

Entre la sortie de l'eau, le séchage, la mise en barquettes dans un petit village du Yucatán, et la vente aux restaurants chinois ou indonésiens, un kilo de *pepinos* aura multiplié sa valeur marchande entre 20 et 50 fois, selon l'espèce. C'est ce qui fait que cette pêche a explosé partout dans le monde, arrivant dans des mers de plus en plus éloignées de l'Asie. Bien sûr, le pêcheur touche une infime partie de la plus-value, qui finit dans les poches des intermédiaires.

Pour les pêcheurs du Yucatán, le prix du *pepino* est quasiment équivalent aux espèces les plus cotées comme le poulpe ou la langouste, et sa pêche est infiniment plus facile, il suffit de plonger à l'eau pour le ramasser. Dans les premières années de cette pêche, c'était une manne miraculeuse. Cela a déclenché une frénésie, attirant toujours plus de pêcheurs saisonniers d'autres États, et d'investisseurs prêts à armer des *lanchas*. Très vite, la saison du *pepino* a donc été limitée pour permettre à l'espèce de se reproduire. D'abord à quelques mois, puis à seulement dix jours de pêche par an. Malgré ces mesures, ce qui était dans les premiers temps une gigantesque cueillette très lucrative pour tout le monde est devenu moins évident. Là où ils recouvraient les fonds marins, les *pepinos* se sont faits plus rares.

Cette évolution est assez frappante quand on compare les chiffres : la première année de la pêche au *pepino*, la moyenne de *pepino* par pêcheur, par jour, était entre 800 kilos et une tonne, non séchée, pendant la première semaine. Une dizaine d'années plus tard, pendant la saison à laquelle je participe comme plongeur, malgré les mesures de limitation de la pêche, la moyenne de la première semaine est de 50 kilos par jour.

Une des principales raisons de ce déclin rapide, c'est la pêche illégale. Un bon nombre de pêcheurs continuent à plonger et ramasser les *pepinos* tout au long de l'année, dans différents endroits du Yucatán, rendant la fermeture de la pêche inefficace pour le renouvellement de l'espèce. S'ils le font, c'est qu'ils trouvent des payeurs. Des intermédiaires moins scrupuleux que les autres qui font peu de cas des lois de la pêche. Dans les discussions sur le sujet, on le cache à peine : les *narcos* se sont mis dans l'exportation de *pepinos*... Quand ils ont vu le bénéfice net que cela pouvait rapporter, les puissants cartels mexicains ont mis leur pied dans la porte. Tout laisse à croire que la manne du *pepino* sera bientôt tarie par ici.

41. Accidents de plongée •

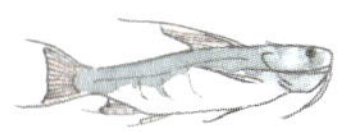

Cela devient clair : la pêche au *pepino* pose des problèmes. Économiques, sociaux, écologiques, mais aussi un problème de santé potentiellement très grave : les accidents liés à la plongée.
On a en effet décrit comment le *pepino* se ramassait en plongée, grâce à un compresseur d'air de fortune permettant de rester des heures sous l'eau. Seulement, respirer sous la surface implique certaines conséquences : des bulles de gaz comprimées contenues dans l'air qu'on inhale peuvent se loger dans le corps, notamment dans les articulations. Le plus souvent, ces

• Buche.

• Des corps amochés par les accidents de décompression.

bulles s'échappent sans problème, surtout quand on ne plonge pas profond. Mais si l'on reste trop longtemps sous l'eau, on peut en accumuler trop, que le corps finit par mal libérer. Ces bulles de gaz enflent en retrouvant la pression de l'air libre, et peuvent faire exploser des vaisseaux sanguins, des articulations, et causer toutes sortes de problèmes, souvent graves et parfois irréversibles. Ces accidents de décompression sont monnaie courante à San Felipe. Pour cause, les troupes de saisonniers qui remplissent le port pendant les dix jours de la saison ne sont en aucun cas des plongeurs expérimentés. Ils se ruent sous l'eau avec pour seul objectif de remplir des glacières de *pepinos*, sans aucune idée de ce qu'ils risquent à pousser leur corps au-delà de ses limites. Les pêcheurs de San Felipe eux, ont découvert ces risques au début, à leurs frais, mais on depuis été formés aux règles de sécurité. Forcément, chaque saison amène son lot d'accidents, et invariablement une poignée de morts sur la côte yucatèque. Le plus souvent des campagnards venus d'on ne sait où, qui ne connaissaient rien à la mer.

En cas d'accident de décompression, qui se manifeste souvent par des douleurs intenses dans un membre, une articulation, des maux de tête ou des vertiges, la seule solution est d'emmener la victime au plus vite dans une chambre hyperbare (dans laquelle la pression de l'air est la même que sous l'eau). Il passera entre une dizaine d'heures ou plusieurs jours dans cette chambre, selon la gravité de ses symptômes, pour que les bulles de gaz puissent s'échapper de son corps.

C'est le moment où le rôle de la « Protección Civil », à travers la personne chargée de la sécurité des pêcheurs au sein de la coopérative, est le plus crucial. Car

la chambre hyperbare la plus proche de San Felipe est à Tízimin, à une heure et demie de voiture. Cette année, c'est Buche qui est à ce poste, et il passe plusieurs fois dans la semaine parmi les foyers, s'assurer que personne ne ressent de symptômes.
Vers la fin de la saison, pendant qu'on vidait nos *pepinos* avec Tocho et Bokis, on a vu une *lancha* s'approcher de la jetée voisine, de retour de la pêche. Le pêcheur debout à l'avant s'apprêtait à sauter pour s'amarrer, quand tout à coup il s'est raidi, et est tombé comme une pierre dans l'eau du port, rebondissant violemment contre l'arête du ponton. Plusieurs autres pêcheurs ont sauté à l'eau pour le repêcher, et il fut tout de suite allongé dans la benne d'un pick-up démarrant aussitôt direction Tízimin. C'était un saisonnier chiapaneco, et pour Tocho et Bokis il n'y avait aucun doute : accident de décompression.
Voilà enfin l'explication à une étrangeté de San Felipe que j'avais observée : ces hommes marchant courbés, comme des infirmes, sans que je m'explique vraiment de quoi ils souffraient. Ce sont des pêcheurs restés trop longtemps au fond, ou ayant manqué de chance, dont le dos ou les genoux ont été irrémédiablement abîmés une fois sortis de l'eau.

42. Comment le *pepino* a très vite enrichi certains… •

En laissant traîner mes oreilles, et en posant quelques questions naïves en n'ayant l'air de rien, cette saison de pêche au *pepino* m'en apprend beaucoup sur l'histoire récente de San Felipe, et l'opposition entre coopératives et *permisionarios*.
J'ai noté précédemment que Catarino et ses frères, en lançant leurs entreprises de pêche, avaient pu se développer très vite grâce à des appuis politiques, sans savoir vraiment d'où venait l'argent. Cette situation a en fait coïncidé avec l'arrivée des acheteurs de *pepinos*, et la découverte de cette nouvelle pêche à San Felipe.
Historiquement, ce sont les coopératives qui détiennent l'immense majorité des licences permettant la pêche au poulpe, au mérou et à la langouste. L'État fédéral en a tout de même accordé quelques-unes à ceux qui voulaient avoir leurs entreprises – les *permisionarios* –, mais jamais plus de cinq ou six – une licence est rattachée à un bateau –, et cela convenait à tout le monde.
Mais quand de nouveaux acheteurs ont débarqué à San Felipe avec des valises pleines de billets prêts à échanger contre ces mollusques étranges auxquels personne ne s'était jamais intéressé, certains ont flairé le très bon coup à jouer. Il n'y avait pas de licences de pêche prévues pour cette espèce et, de fait, la pêche des *pepinos* était ouverte à tous. Catarino, suivi par ses frères, se sont jetés sur cette opportunité : ils ont alors emprunté de l'argent, faisant donc jouer quelques relations

politiques de l'État, pour investir dans des *lanchas*, des compresseurs et des plongeurs pour aller ramasser des *pepinos*. Et pour eux, ce fut le jackpot. Le retour sur investissement s'est révélé énorme et rapide : ils ont pu vite rembourser leurs emprunts avec les intérêts, et en refaire d'autres pour se développer, et ramasser encore plus de *pepinos*. Les acheteurs étaient ravis de voir émerger ce nouvel acteur de la pêche à San Felipe : il est devenu plus facile pour eux de traiter avec le seul patron Catarino, qu'avec le directoire et les assemblées de centaines de pêcheurs des coopératives. En quelques années, les entreprises de Catarino et ses frères s'étaient tellement développées qu'elles ne pouvaient plus se contenter du *pepino*, d'autant qu'il y en avait de moins en moins, tellement cette pêche était facile. Ils se sont donc mis à lorgner vers les licences de pêche au poulpe, au mérou ou à la langouste. C'est alors que les relations politiques, et leur nouvelle puissance économique, leur ont servi à obtenir les précieuses licences.
Aujourd'hui, ils envoient presque autant de bateaux pêcher toutes les espèces commerciales d'exportation que les coopératives. Ont-ils des licences pour chacun de ces bateaux ? C'est la question brûlante du moment.

• 43. Une pêche en dehors des lois

Pendant les longues journées de pêche, on revient avec Tocho et Bokis sur les événements à l'ouverture de la saison, et le blocus des coopératives. Je comprends mieux certaines choses à présent. Le système économique de la pêche au *pepino* est très trouble, et assez difficile à comprendre, car se mélangent la pêche officielle et la pêche illégale.
Les acheteurs et exportateurs de *pepinos*, pour pouvoir vendre et expédier leur marchandise, ont besoin de factures émises par ceux qui les pêchent : coopératives ou entreprises privées. Ces factures sont établies avant même la saison de pêche, indiquant un volume de *pepinos* à remettre aux acheteurs contre une somme d'argent. Mais au-delà de ça, elles sont le sésame permettant aux acheteurs de faire valoir la légalité de leur marchandise.
Mais les gros acheteurs de *pepinos* ne se contentent pas que de la pêche légale, pendant les dix jours de la saison officielle. Ils sont également preneurs de la pêche illégale qui continue tout au long de l'année. Pour autant, ils n'ont pas de factures pour cette marchandise. Voilà donc ce qu'il se passe : les acheteurs signent avec les coopératives et les entreprises de pêche des factures pour d'immenses volumes de *pepinos*, sans réellement se soucier de bien obtenir le volume demandé à la fin de la saison, car ils l'ont déjà… avec la pêche illégale.
En ajoutant à cela que la pêche au *pepino* est devenue très mauvaise, justement à cause de la pêche illégale, cela aboutit donc à une situation

tordue. Les dix jours de pêche officielle servent plus de couverture qu'autre chose, permettant de blanchir la pêche illégale. Les pêcheurs, eux, se retrouvent coincés dans un dilemme aberrant : sortir en mer leur coûte de l'argent, pour une pêche très médiocre, par conséquent, ils gagnent souvent plus à ne pas sortir, en comptant sur l'argent des factures, qui tombera quoiqu'il arrive. Pourtant, les coopératives, tout comme les entreprises, forcent leurs pêcheurs à sortir, car si les autorités se rendent compte que l'argent est donné alors que personne ne va pêcher, ce seront elles les coupables.

• 44. Un bilan déprimant

Ce qu'il s'est passé les premiers jours de la saison, avec le blocus des coopératives, est un événement marquant dans l'histoire du port. Il reflète l'antagonisme entre coopératives et *permisionarios*. Si les coopératives n'ont pas pu trouver d'acheteurs pour leurs *pepinos*, c'est que les acheteurs sont très contents de pouvoir traiter avec un seul interlocuteur, en la personne de Catarino. Il semble d'ailleurs qu'il n'y ait en vérité qu'un seul acheteur qui s'occupe de San Felipe. Les négociations sont forcément plus simples et efficaces dans une discussion entre deux hommes d'affaires, ayant pour objectif leurs profits respectifs à court terme, plutôt qu'avec un directoire représentant les intérêts de plusieurs centaines de pêcheurs.

Le fonctionnement des *permisionarios* est davantage adapté aux échanges commerciaux mondialisés de notre époque. Mais à San Felipe, le fonctionnement collectif des coopératives a encore un avantage : le nombre. Du fait qu'elles regroupent la grande majorité des pêcheurs et des habitants du port, les coopératives peuvent toujours gagner le rapport de force, comme lorsqu'elles ont décidé de bloquer totalement la pêche, en fermant l'accès à la mer.

Cette journée de blocus et les enjeux qui y étaient liés illustrent parfaitement l'opposition qui se joue à San Felipe : la force de l'action collective et la volonté des habitants de décider de l'exploitation des ressources de « leurs terres » – en l'occurrence leur mer –, contre un ou plusieurs individus qui veulent exploiter ces mêmes ressources en suivant les principes d'un marché mondialisé : une libre concurrence et un objectif de profit maximal.

Catarino, qui représente ici ces individus en tant que président du Frente Unido, et *permisionario* le plus influent, a largement gagné cette bataille. Les coopératives ont relâché le blocus dès le deuxième jour, après un tour de passe-passe de Catarino qui a convaincu son acheteur de prendre également leur marchandise aux coopératives, en l'incluant dans une facture globale pour tout San Felipe, qu'il est le seul à négocier. Les coopératives ont été forcées d'accepter cet accord et de laisser Catarino en position de force, car leurs membres ont été pressés par la communauté, leurs familles d'abord, de ne pas gâcher la manne financière et de laisser démarrer la pêche.

Ce que personne n'avait prévu, c'est que la pêche serait à ce point décevante, et que la manne financière attendue se tarirait. Et maintenant que les acheteurs savent que le *pepino* est presque épuisé à San Felipe, il y a toutes les chances, qu'à l'avenir, ils ne reviennent plus.

45. Bâches partisanes 

La date des élections municipales se rapproche, et cela se manifeste sous des formes inattendues. Aujourd'hui, c'est l'affaire des *ionas*, qui veut dire "bâche". Les deux partis, PRI et PAN, impriment des bâches à leurs couleurs (vert et rouge pour le PRI, bleu et blanc pour le PAN), avec les photos de leurs candidats. Chez le PRI, on peut voir au milieu Juana, la belle-sœur de Catarino. C'est elle qui sera la candidate pour la mairie de San Felipe. De chaque côté d'elle, le photomontage a placé deux hommes en chemise blanche, l'un avec des lunettes et une moustache, et l'autre avec des petits yeux rapprochés et une face toute ronde. Ce sont respectivement les candidats pour la députation et la gouvernance de l'État du Yucatán, qui apparaîtront sur toutes les bâches de ce type, avec tous les candidats aux municipales de chaque village. Sur les bâches du PAN, à San Felipe, on ne voit que Kali, un pêcheur de la coopérative des Unidos. Ce sera lui le candidat pour son camp.

Les bâches du PRI sont plus grandes, et plus nombreuses. Elles s'affichent sur les murs des maisons, et cela revient à annoncer dès maintenant la couleur concernant son futur vote en juillet. Ici, l'appartenance à un parti ressemble un peu à la relation qu'on peut avoir à un club de foot, et qui se transmet entre générations.

Dans la famille de Doña Morena, on est *panistas*, évidemment, c'est avec ce parti qu'elle a été maire du port. Mais sa fille Mimi a affiché une bâche du PRI, dans leur maison du Fraccionamento. Et c'est à une discussion houleuse que j'assiste entre elle et Marcial, en me gardant bien de poser des questions. Pour Marcial, c'est un début de trahison, soutenir le PRI c'est vouloir la fin des coopératives, auxquelles lui et Tocho appartiennent. Mimi se défend comme elle peut face à son grand frère, elle fait ce qu'elle veut dans sa maison, ça ne les regarde pas.

En en rediscutant avec Tocho, le coup de la bâche se comprend mieux. Juana et l'équipe du PRI sont venus chez eux, pour leur proposer de leur fournir le matériel nécessaire à la construction d'un étage à leur maison, et d'une nouvelle chambre. Tout cela arrivera juste avant les élections. Mais pour commencer, il fallait afficher cette bâche dès maintenant…

46. Fin de la saison de *pepino* 

La saison du *pepino* s'est terminée hier, et elle laisse un goût amer à tout le monde à San Felipe. À l'heure de démonter les compresseurs et de les remplacer par les palangres de la pêche au mérou, on entend bien souvent qu'il n'aurait même pas fallu se donner la peine de les installer à bord des *lanchas*.

La pêche a été mauvaise pour les plus chanceux, et catastrophique pour les autres – avec Tocho, on a ramené trois kilos de *pepino* le dernier jour… une humiliation. Plus que la mauvaise humeur due à une pêche épuisante et peu fructueuse, ce sont les comptes qui font mal au cœur des pêcheurs. En effet, la soustraction des frais – essence, salaires des équipiers – à la recette de leur pêche donne un résultat négatif pour la plupart. Il faut espérer que la distribution de l'argent restant des factures – la somme d'argent initiale donnée par les acheteurs – viendra combler ce trou. Sauf que là intervient un problème douloureux : les coopératives veulent priver certains pêcheurs de l'argent des factures : ceux qui n'ont pas fait l'effort d'aller pêcher. La raison est compliquée à comprendre ; est-ce une volonté pour les coopératives d'obliger leurs membres à faire corps à l'avenir, ou bien est-ce juste pour combler leurs difficultés de trésorerie ? La chose certaine, c'est le profond mécontentement de ceux qui sont menacés de ne pas toucher ce bonus, et le sentiment général d'avoir été roulés dans cette affaire. Sans pour autant en être certain – car les pêcheurs ne veulent plus en parler –, je crois que les coopératives ont fini par donner cet argent des factures à tout le monde.

• 47. La pêche au *pepino* nuit à la cohésion

Alors qu'on se tourne avec espoir vers la pêche au mérou, il y a quelques conclusions importantes à tirer de cette saison de pêche au *pepino*.
Apparue comme une chance incroyable pour tout le monde lorsque les premiers acheteurs asiatiques sont arrivés à San Felipe il y a un peu moins de dix ans, cette pêche s'est révélée être un piège pour la communauté et sa cohésion, qui s'est refermé en quelques années.
Alors que cela n'a jamais fait partie de leur tradition de pêche, les habitants de San Felipe, ainsi que ceux de toute la côte nord-est du Yucatán, se sont précipités pour ramasser ces gros mollusques immobiles. Seulement, les enjeux financiers qui y sont liés les ont vite dépassés, et par ce système alambiqué de pré-facture, d'arrangements sous le manteau avant même l'ouverture de la saison, les acheteurs ont contribué à saper la cohésion des coopératives, et leur capacité à agir collectivement pour maîtriser les ressources marines locales. Les pêcheurs des coopératives se dressent les uns contre les autres quant aux décisions à prendre : faire blocus ou non, aller pêcher en risquant de revenir presque bredouille ou rester au port et compter sur l'argent des factures… Cela implique des dilemmes compliqués, que ne comprennent pas vraiment les habitants de San Felipe, et cette pêche a été un sujet brûlant de dispute au sein même des familles, le socle de la cohésion de la communauté.
Par ailleurs, même si cela n'est pas encore bien documenté par la recherche, la pêche a eu un impact écologique sur les *pepinos* eux-

mêmes, qui passent leur existence à filtrer le sable ; la population a presque été éradiquée en moins de dix ans.
À l'exception des acheteurs et intermédiaires du commerce de *pepino*, et de quelques chefs d'entreprises qui ont été au bon moment au bon endroit dans cette histoire, la pêche au *pepino* n'a pas fait tant de bien à San Felipe.

48. Cohabitation entre coopératives et *permisionarios* •

Doña Morena m'a raconté aujourd'hui une histoire intéressante. Il y eut une époque, quand elle héritait tout juste de la boutique de son père, où la pêche était mauvaise et aussi décevante qu'après cette saison du *pepino*. Dégoûtée, elle a voulu vendre ses *permisos* à un certain Rafa, qui n'était pas de San Felipe. Cela lui aurait donné le droit d'aller pêcher à son compte dans les eaux de San Felipe, de recruter des pêcheurs et d'armer ses *lanchas*. Quand Doña Morena a annoncé aux autres *permisionarios* du Frente Comun qu'elle voulait vendre, ils lui ont rigoureusement interdit de faire une chose pareille, et ont immédiatement proposé de l'aider en mettant chacun la main à la poche.
Cela montre qu'il existe aussi, du côté des *permisionarios*, une solidarité, et un certain protectionnisme. Bien qu'ils profitent de l'ouverture du marché de la pêche de San Felipe à l'international, et voudraient accélérer ce processus contrairement aux coopératives, ils ne sont pas pour autant prêts à laisser des étrangers au village participer à la pêche locale.
Aussi, j'apprends qu'avant la division entre Legitimos et Unidos, la station essence de San Felipe appartenait à la coopérative. C'était une source de revenus stable et constante, qui assurait une assise économique puissante pour la coopérative de San Felipe, et qui bénéficiait donc indirectement à un grand nombre de familles. Après la division, il a été décidé de la vendre à un entrepreneur de Progreso, qui en est toujours aujourd'hui l'unique propriétaire.
Alors que je lui demande si selon elle, les *permisionarios* vont finir par effacer les coopératives en les étouffant par leur concurrence, Doña Morena a un autre avis sur la question.
Pour elle, il est normal et sain que certains décident de ne pas faire partie de la coopérative. Ce mode de fonctionnement collectif et grégaire n'est pas fait pour tout le monde ici, et ceux qui ne sont pas à l'aise dans les grandes assemblées, et qui préfèrent accomplir leur travail dans leur coin doivent aussi avoir le droit de pêcher. Seulement, pour Doña Morena, il faut que ceux qui s'isolent soient « raisonnables ». En d'autres termes, il faut qu'ils acceptent de limiter leur pêche à un niveau qui ne concurrencera pas la coopérative, exactement comme elle-même essaye de le faire. Historiquement, cela a fonctionné pendant longtemps, et les premiers *permisionarios* sont apparus presque en même temps que les coopératives.

● Beto Kum, petit *permisionario.*

CHOP

ESCADER

Mais ils se cantonnaient à une pêche et des ventes à plus petite échelle, et la cohabitation entre modèles collectifs et privés a été sereine, jusqu'à ce que de nouveaux privés arrivent avec des ambitions toutes autres.

- 49. La pêche au mérou

Sitôt venu le dernier jour de la pêche au *pepino*, on est allé avec Tocho et Marcial dans la remise derrière la poissonnerie de Doña Morena sortir le matériel pour la pêche au mérou.

À San Felipe, le mérou se pêche à la palangre. Cette technique est connue de tous les pêcheurs en mer du monde, et a fait ses preuves avec beaucoup d'espèces différentes. Un récapitulatif quand même : une ligne de pêche épaisse d'environ 300 mètres de long, sur laquelle sont accrochés de courts bouts de lignes plus fines, avec chacune à leurs bouts un hameçon rond. Il y en a environ une tous les trois mètres, ce qui équivaut à une centaine d'hameçons.

- La pêche au palangre.

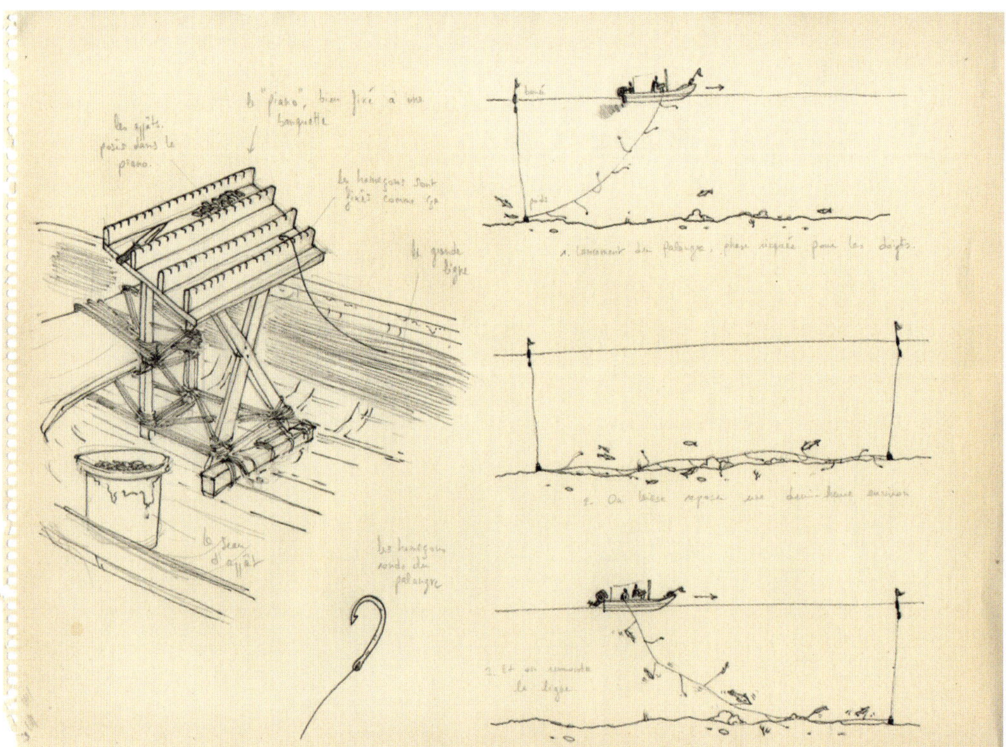

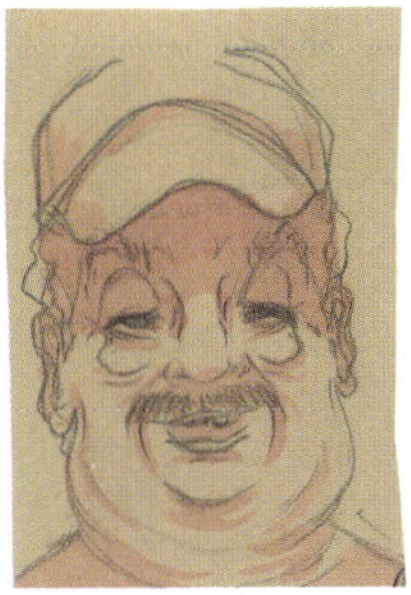

La grande ligne est nouée à chaque extrémité à un poids, et ce poids est lui-même relié à une bouée, sur laquelle un bambou et un t-shirt font office de drapeau. Lorsqu'on jette la ligne à l'eau, tout le but de l'opération est que la ligne soit tendue entre les deux poids tombés au fond de l'eau. Les bouées-drapeaux servent à signaler au pêcheur où la ligne est posée. Chaque hameçon a bien sûr été garni d'un appât (une tranche de petit poisson), et flotte dans le courant près du fond.

La palangre est laissée une bonne demi-heure au fond. Pendant ce temps, les pêcheurs en jettent une deuxième un peu plus loin. Une fois qu'ils ont fini, ils reviennent à l'une des bouées de la première palangre, la ramènent à bord, hissent le poids du fond de l'eau et commencent à relever la ligne, hameçon après hameçon. Et c'est là qu'on guette la surprise qui sera accrochée à la palangre, en espérant à chaque fois voir une lueur orangée de mérou remonter du bleu nuit des profondeurs. Selon ce qu'on attrape, on garde ou on rejette. Les petits mérous pas plus grands qu'une main ouverte sont remis à l'eau.

Pour embarquer deux palangres à bord d'une *lancha*, il faut que tout soit rigoureusement organisé. Les bouées et les poids sont posés tout à l'avant, prêts à être jetés à l'eau dès que le pilote le demande. Les grandes lignes sont lovées tout le long d'un côté du bateau, en allers-retours. Et tous les hameçons sont fichés dans le « piano », une sorte de pupitre en bois épais avec plusieurs réglettes servant à ranger les hameçons. Ce n'est que quand le poids a été jeté, et entraîne donc la ligne, qu'on décroche les hameçons un à un, en y accrochant un appât avant de le jeter à l'eau. Le pilote fait avancer la *lancha* pour que la ligne

• Les pêcheurs *chiapanecos*.

• Nettoyage de la coque à l'acide.

soit tendue au fond de l'eau et que les hameçons ne tombent pas les uns sur les autres. Son équipier doit appâter les hameçons et les jeter dans un geste continu et fluide, à une cadence intense. Il risque à la moindre erreur de se planter un hameçon dans la main, avec la force du bateau qui entraîne la ligne au fond.
C'est une pêche technique, exigeante et épuisante. En tant qu'équipier – celui qui appâte et jette les hameçons à l'eau –, cela m'a valu de belles engueulades, lorsque je n'allais pas assez vite ou que je me mélangeais les pinceaux entre les hameçons. Après une centaine d'hameçons appâtés à raison d'un toutes les trois secondes, mes doigts devenaient poisseux et moins habiles, et les gouttes de sueur me tombaient dans les yeux sans que j'aie le temps de les essuyer. S'il y a une erreur et qu'un hameçon n'est pas jeté à temps, la ligne se tend brutalement et risque de casser – ce qui ferait perdre la palangre et serait une catastrophe –, ou l'hameçon finit par sauter du piano, et risque d'accrocher un œil ou autre chose… C'est d'ailleurs pour ça que les hameçons sont bien ronds, pour pouvoir être retirés plus facilement d'un pêcheur.
Le meilleur moment, et aussi le plus reposant, c'est quand on remonte la ligne. Elle est parfois lourde et il faut s'employer à la hisser mètre par mètre à la main, mais cela signifie qu'il y a beaucoup de poissons accrochés et l'excitation monte en découvrant ce qui remonte du fond. Là aussi, la technique est indispensable au moment de décrocher le poisson de l'hameçon, le geste devient automatique et en deux secondes le poisson tombe sur ses congénères dans une caisse, et l'hameçon est replanté dans le bois du piano.

- 50. La campagne pour la municipalité est bien lancée

Hier et aujourd'hui se succèdent les *caminatas* du PRI et du PAN, à l'occasion du *dia de los ninos*. Cette journée censée célébrer les enfants est surtout une occasion pour parader, soit en rouge et vert, soit en bleu et blanc. Le principe est assez simple, chaque parti a rameuté le plus de suiveurs possible, invités à défiler en scooter en suivant le buggy de Catarino, pour le PRI, avec à son bord le président du Frente Comun et sa belle-sœur Juana. Pour le PAN, les scooters suivent Kali qui est à pied.
Tous les suiveurs klaxonnent sans cesse, ce qui fait qu'on entend arriver le défilé de loin. Ils s'arrêtent dans une maison, offrent des cadeaux aux enfants, serrent des mains et prennent des photos.
Les *caminatas* de chaque parti sont venus s'arrêter devant la poissonnerie de Doña Morena et, à chaque fois, l'accueil fut plutôt frais et les discussions rapides. C'est Jairo et Jimena qui en ont profité le plus, avec une double ration de jouets et de friandises.

51. Élections pour le directoire de la coopérative •

À la fin de l'année auront lieu d'autres élections : celles pour le nouveau directoire de la coopérative des Legitimos, à laquelle appartient Tocho. Il veut se présenter, pour le poste de président, comme son père l'a occupé il y a quelques années.
Il me parle de tout ça et me décrit que le principal enjeu pour se présenter, c'est d'avoir mis assez d'argent de côté pour pouvoir payer des caisses de bières à volonté aux membres de la coopérative. Ce type de campagne est surprenant, mais en creusant, je me rends bien compte que cela n'a rien d'une blague. Les votes des *socios* sont grandement basés sur la générosité et le « savoir-vivre » des listes qui se présentent. Reconnu comme un grand blagueur, fils du légendaire Pelusa, et très aimé à San Felipe, Tocho a de bonnes chances d'être élu. Mais il ne boit pas. Comme il me l'explique lui-même, c'est à la fois un avantage : il est vu comme quelqu'un de fiable, à même de représenter les intérêts de tous, et un inconvénient : il faut qu'il prouve qu'il ne rechignera pas à arroser ceux qui ont d'autres habitudes que lui.

52. Voyage à Campeche et Champoton •

Ce week-end, Don Lalo m'a embarqué dans la camionnette pour quelques jours loin de San Felipe. Nous sommes allés rendre visite à son autre famille, ses deux enfants qui habitent à Champoton, dans l'État voisin de Campeche.
Sur la route, nous nous sommes arrêtés plusieurs fois pour que Don Lalo me fasse visiter et m'explique un peu l'histoire de ce coin-là.
Je découvre une côte très différente, alors que l'on n'est pas si loin du Yucatán. L'eau est beaucoup plus trouble, il fait très chaud. Les petits villages de pêcheurs par lesquels on passe sont beaucoup moins charmants et bien tenus que San Felipe, les maisons sont à moitié finies, on dirait que les gens vivent moins bien. Don Lalo me dit qu'ici, il n'y

a jamais vraiment eu de coopératives. La pêche n'est réalisée que par des entreprises privées, et c'est ce qui fait que les communautés de pêcheurs ne se sont jamais développées comme à San Felipe ou dans les autres villages de la côte nord-est du Yucatán.
Ce qui me frappe surtout, ce sont les immenses structures métalliques qu'on voit sur l'horizon ; il y en a des dizaines. Ce sont des plateformes pétrolières, je n'en avais jamais vues auparavant. Nous sommes au cœur du golfe du Mexique, l'endroit où il y a le plus de forages offshore au monde. Voilà la vraie raison de la pauvreté des communautés de pêcheurs de cette région. Depuis que toutes ces plateformes ont été construites, il n'y a quasiment plus rien à pêcher. Don Lalo a bien remarqué cela, pour avoir travaillé comme *marisquero,* vendeur de fruits de mer, sur cette côte dix ans d'affilée, pendant lesquels il a vu sortir de l'eau ce nouveau genre de vaisseaux immobiles.
Le sous-sol du golfe du Mexique regorge de pétrole, et ce jusqu'à San Felipe et même plus loin à l'est. La Pemex, la compagnie pétrolière semi-publique du Mexique, y est concurrencée par les géants occidentaux, BP, Shell, Total, ou les Brésiliens de Petrobras, et bien d'autres : il y a plusieurs milliers de plateformes dans cette région. Tout le gratin de l'exploitation pétrolière est présent dans le golfe, qui s'étend de l'endroit où l'on se tient avec Don Lalo, sur une plage de Campeche, jusqu'à la Louisiane et la Floride au-delà de l'horizon.
À Champoton, on retrouve la maman de Don Lalo, qui nous prépare du poulet très pimenté, délicieux. Deux enfants de Don Lalo arrivent après l'école : Axel et Thaïs, 16 et 14 ans. Axel est sur la défensive, il n'a pas vu son père depuis longtemps, et peut-être qu'il lui en veut de ne pas vivre avec eux à Champoton. Il est musclé, beau gosse et crâneur. Il repart très vite traîner avec des potes à lui. Mais il reviendra pas longtemps après, pour proposer qu'on aille au cinéma tous ensemble voir le dernier *Avengers.* Avec moi, la glace se rompt assez vite, car il adore le dessin, et comme Don Lalo lui a montré quelques trucs que je faisais, il s'intéresse et me montre aussi des dessins à lui. Il est vraiment très doué, et il m'en offre même deux.
Thaïs est très discrète et très douce, on la surnomme « Negra » parce qu'elle est beaucoup plus foncée que son frère et son père. Elle est peu loquace, mais même en discutant très peu, cela saute vite aux yeux qu'elle est mature et déjà très indépendante pour son âge.
Il y a un petit-cousin qui est là temporairement. Il est drôle, il me parle de sa vie à Veracruz, et des choses horribles qu'il a déjà vues là-bas : les cadavres bloquant les routes, les traces de vengeances des *narcos.* On sent que les trois adolescents ont une vision idyllique de San Felipe, et qu'ils aimeraient bien y habiter. Dans les discussions entre père et enfants, je comprends qu'il leur dit qu'ils pourront venir. Il est décidé que Thaïs viendra bientôt habiter quelques mois chez Don Lalo et Doña Morena, entre autres pour garder les petits-enfants pendant la saison du poulpe.

Nous reprenons la route et repassons la frontière du Yucatán. Mais ce n'est pas pour rentrer tout de suite à San Felipe. Nous allons à Mérida, pour la raison principale de notre voyage.

• Le centre de désintoxication des Drogadictos Anonimos de Mérida.

Don Lalo m'a invité à l'anniversaire des 20 ans de son groupe Drogadictos Anonimos, le centre de désintoxication dans lequel il a passé trois ans.
Le centre est en banlieue de Mérida, dans une zone assez déserte et aride. On y arrive sous un soleil écrasant en plein après-midi, et les grands bâtiments tout blancs, entourés d'un haut grillage donnent l'impression nette d'une maison d'arrêt. Pendant qu'on roulait, Don Lalo m'a donné quelques conseils, et quelques indications sur notre séjour dans le centre. À demi-mot, il m'a prévenu que ce serait plutôt dépaysant et que l'ambiance serait particulière. J'ai acquiescé sans bien savoir à quoi m'attendre, mais ce qui est sûr, c'est que je ne m'attendais pas à ça.
Après avoir passé la porte du centre *Fraternidad* – le nom du groupe Drogadictos Anonimos de Mérida –, nous sommes accueillis par quelques anciens qui serrent Don Lalo dans leurs bras et m'accueillent chaleureusement. Alors Don Lalo se tourne vers moi, et m'explique qu'il va se poser avec ses amis pour se retrouver, et que pendant ce temps, je vais aider les pensionnaires à préparer l'anniversaire.
Il m'accompagne dans un réfectoire immense où sont en train de s'affairer une cinquantaine de garçons de tous âges. Je me retrouve en quelques minutes à transporter de grandes plaques de verre sur lesquelles sont inscrites les *doce pasos*, les étapes pour sortir de l'addiction à la drogue et retrouver l'envie de vivre. On doit les accrocher sur un mur du réfectoire, avec deux autres garçons. Andrès, qui a 15 ans, est très prévenant et me pose beaucoup de questions, en parlant très vite et en regardant partout,

avec un air dérangé. Il est vite appelé à faire autre chose par un plus grand. L'autre me dit qu'on l'appelle Chino. Il vient de Xetumal, et il a 19 ans. Lui, au contraire, parle tout doucement et me demande pourquoi je suis là, et à quoi je suis accro. Je dois donc un peu expliquer qui je suis, et comment je connais Lalo, pour dissiper le malentendu. Lui, me dit-il, est arrivé l'année dernière, après avoir perdu sa fille de quelques mois. Il était tout le temps défoncé et s'est mal occupé d'elle, et puis après cela, il a totalement sombré, et s'il est toujours vivant c'est grâce à ceux qui l'ont amené ici.

Vient l'heure du déjeuner, et à ce moment-là, une centaine de garçons arrivent, justifiant le nombre de tables et de couverts préparés. Ce sont des groupes Drogadictos Anonimos des États de Veracruz et de Tabasco, qui sont invités pour l'anniversaire.

Tout le monde s'installe pour manger. J'hésite un peu, et je ne sais plus trop où je dois aller, Don Lalo n'est pas là, et il ne réapparaîtra pas jusqu'au soir. Je regarde autour de moi, aucun garçon n'est vraiment vieux, personne n'a l'air d'avoir plus de trente ans, mais il y en a qui ne doivent même pas avoir 15 ans. La plupart sont tatoués, ils ont des regards durs et ne ressemblent pas aux jeunes pêcheurs de San Felipe. On se croirait dans un film sur une prison pour adolescents.

En me voyant debout, celui avec qui j'ai accroché les panneaux de verre me fait asseoir et me présente à sa tablée. Après un bénédicité, tout le monde me salue poliment et, là encore, on me questionne sur mon addiction, et comment je peux me retrouver ici sans être mexicain. Je m'explique et le courant passe assez vite.

L'après-midi, il y a un grand match de foot prévu entre les trois groupes. Après le rangement du déjeuner, on monte dans des bus qui nous emmènent dans un vrai stade de foot, avec tribunes, lignes et poteaux de corners… Don Lalo a dû intercéder pour que je puisse jouer, car on me prête des affaires et des crampons. Sans vraiment comprendre ce qui m'arrive, je me retrouve sur la pelouse, au milieu des chants et des cris d'une grosse centaine de jeunes déchaînés. À un moment, une bagarre éclate en tribune, car une vieille connaissance d'un des gars du centre de Mérida est venue le narguer au stade. L'incident est vite contenu par les anciens.

De retour au centre, le dîner se prépare, toujours sans Don Lalo. Les autres gars sont très sympas avec moi, même s'il y a des blagues qui fusent et que je ne comprends pas. Après le dîner commence un temps de parole, comme il y en a apparemment plusieurs quotidiennement. Ce

soir, trois garçons se succèdent, et ils parlent chacun de la façon dont ils ont commencé à consommer de la drogue, ce qu'ils ont traversé et comment ils se sentent maintenant qu'ils ne consomment plus. C'est exactement calqué sur le modèle des alcooliques anonymes, enfin, de ce que j'en connais. Sauf qu'ici, les garçons vivent ensemble et ne peuvent en théorie pas sortir du centre comme ils veulent.
Le soir, les gars traînent dans la cour du centre. Il y a un container qui vend des sodas et des cigarettes, tenu par un personnage visiblement très populaire, qui s'appelle Innis. Il a les traits fins d'une gravure de mode, et est tout dépenaillé, avec un grand chapeau de paille qui lui donne l'air d'un pirate de manga.
Je discute beaucoup avec un gars râblé au teint très foncé, de Veracruz, Juan « Cara de Sapo » (Tête de grenouille). Il ressemble à Nick Kyrgios, mais c'est vrai qu'il a vraiment un air de grenouille. Il me pose beaucoup de questions sur la France, sur Paris et la vie nocturne là-bas. Son problème à lui est uniquement lié à la cocaïne, qu'il consomme et vend depuis qu'il a treize ans, et il n'arrive absolument pas à s'arrêter. Il a maintenant 17 ans, et il a contracté des dettes tellement lourdes qu'il est entré au centre davantage pour se réfugier qu'autre chose, craignant d'être tué par ses fournisseurs.

Je parle aussi avec Wilbert, qui fait office de chef de meute et impose son autorité calmement à tous les autres. Lui dit avoir 30 ans. Il va bientôt partir du centre, il va mieux, son rôle pour ces derniers mois ici est d'accompagner les plus jeunes à prendre leurs responsabilités. Il m'explique aussi comment il a perdu dix ans de sa vie, « aspirés » par le crack. Il insiste sur ce mot, sur la façon dont la *piedra*, comme on l'appelle ici, « t'aspire l'âme et te la dessèche ». C'est, d'après lui, cette drogue qui amène la plupart des garçons ici, ou qui les tue avant.
Je parle plus tard avec un garçon timide, enrobé, qui, lui, m'explique que s'il est là, c'est parce que ses parents l'ont obligé à y passer un an. Il vient d'une bonne famille, et son problème, c'est le cannabis, qu'il fumait tant qu'il n'arrivait plus à se lever pour aller à l'école. Il a l'air de dire qu'il sera vite sorti d'ici.
Je passe à côté d'un groupe de garçons qui rappent, sur le son d'une petite enceinte. Ils rigolent bien, mais se lancent avec sérieux, et certains sont vraiment crédibles, surtout un gars très grand, aux cheveux rasés et décolorés, couvert de tatouages. Je ne comprends rien à ce qu'ils disent, ça va trop vite.
Les anciens sortent d'une petite salle où ils discutaient, et Don Lalo vient me voir, tout content. À vrai dire, je le suis aussi, j'ai passé une journée assez incroyable. Il n'y a pas assez de lits dans les chambres pour

tout le monde, et les couloirs sont remplis de garçons allongés sur des serviettes. On vient nous donner des tapis de sol, à Don Lalo et moi, et l'on se trouve une place le long d'un couloir où l'on passera la nuit.

Le lendemain, après la toilette et le petit-déjeuner, c'est une journée consacrée à la préparation du gros événement du soir : les Drogadictos Anonimos ont loué le local du syndicat des Taxis de Mérida, une immense halle au cœur de la ville, où seront dressées des tables pour un grand banquet, ainsi qu'une scène.

On arrive le soir, bien habillés – Don Lalo m'a prêté une chemise... –, et on rentre dans la salle pour la grande soirée d'anniversaire. Il y aura des interventions de plusieurs pensionnaires du centre, puis d'anciens comme Don Lalo. Mais ce qui rend le moment vraiment spécial, c'est que les familles ont été exceptionnellement invitées. Pour de nombreux garçons, cela fait des années qu'ils ne les ont pas vues. Plusieurs d'entre eux montent donc sur la scène pour livrer leur histoire, en face de centaines de personnes, dont parfois leur famille. Le moment est vraiment déchirant, surtout lorsque vient le tour de parole d'un des plus jeunes que j'avais repéré la veille à son air malicieux et sa voix éraillée. Il a 12 ans et tous les autres le surnomment Chikiss. Il fond en larmes sur la scène en expliquant tout le mal que la drogue lui a fait, et lui a fait faire aux autres, en demandant pardon à sa maman...

Tout cela finit en musique, une fois que la cérémonie est terminée, et les garçons dansent en cercle en se tenant les épaules, avant d'aller se jeter dans les bras de leurs familles. Nous ne partons pas trop tard de la fête avec Don Lalo car il veut rejoindre San Felipe au plus tôt le lendemain pour épauler Doña Morena à la poissonnerie, et il y a trois heures de route. Je dis adieu au plus de gens possible, en promettant qu'on se reverra un jour quelque part. Sur le trajet du retour Don Lalo me demande ce que j'en ai pensé, et je ne sais pas trop quoi lui répondre. Cela restera sans aucun doute un des moments les plus marquants de ma vie, alors je le remercie pour ça.

54. Le futur d'un socio-écosystème •

J'ai décrit plus tôt ce qu'était le concept de socio-écosystème, et comment on pouvait facilement l'appliquer dans le cas de San Felipe. Voilà quelques idées importantes à mentionner quand on se pose la question du futur équilibre de ce SSE.

Le progrès, ou plutôt la modernité, amène la communauté de San Felipe à des points de tension.
Côté environnemental, les hommes cherchent à contrôler et exploiter toujours plus la ressource naturelle, à savoir les animaux de la mer, et cela se heurte à la limitation des ressources : les populations de ces espèces marines ne sont pas illimitées et, par conséquent, plus l'effort de pêche augmente, plus elles diminuent.
Côté social, l'augmentation de l'effort de pêche, ainsi que les avancées technologiques font que San Felipe est devenu beaucoup plus connecté au reste du monde ; des étrangers y viennent pour travailler dans la pêche, et des acheteurs d'autres pays s'intéressent aux produits de cette pêche. La population augmente donc, et l'équilibre de la communauté en est bousculé : il y a plus de gens qui se connaissent moins entre eux,

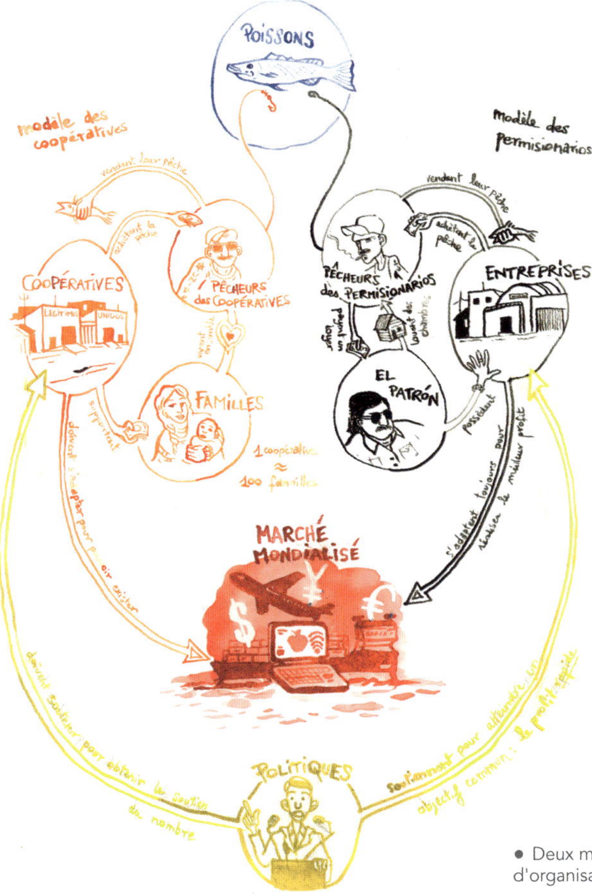

● Deux modèles opposés d'organisation de la pêche.

qui ont moins d'intérêts communs et, du coup, moins de capacités à entreprendre des actions collectives.
Face à ces points de tension, il y a deux forces qui émergent au sein de la communauté et qui veulent prendre des directions différentes (voire opposées) : le *coopérativisme* et l'entreprenariat – le terme utilisé sur place est celui de *permisionarios*, qui ne se traduit pas en français ; on peut aussi parler d'entreprise capitaliste au sens classique : un patron, un investissement, des salariés.
L'opposition de ces deux forces se cristallise de manière très concrète dans la campagne et les élections à venir, avec d'un côté un membre d'une coopérative, qui rallie derrière lui tous les pêcheurs des deux coopératives, et de l'autre, la belle-sœur de Catarino, le plus influent des entrepreneurs du port, qui avance à peine masqué derrière la candidate. Il a derrière lui toutes les familles liées au Frente Comun, la plupart des jeunes du port qui ne sont pas vraiment liés à la pêche, ainsi que tous les gens à qui il a promis une contrepartie – comme Mimi et le chantier de sa maison…
Pour que le SSE de San Felipe puisse trouver un équilibre durable, le modèle capitaliste de Catarino ne convient pas. S'il continue à imposer une concurrence féroce aux coopératives, il finira par les étouffer, car il est mieux armé sur le terrain du marché mondialisé. Si les coopératives ne sont plus là, il n'y aura plus de contrôle collectif de la pêche par les pêcheurs, et la ressource marine sera exploitée jusqu'à épuisement, comme cela s'est passé dans une multitude de régions dans le monde.
Cependant, l'histoire montre bien que les coopératives ne peuvent pas être les seules actrices de la pêche à San Felipe, car cela finit par écraser les aspirations individuelles au profit des intérêts collectifs, et certains trouveront toujours des raisons de ne pas reconnaître ces intérêts collectifs.
On peut donc penser que le développement durable du SSE de San Felipe, qui comprend aussi bien la communauté humaine que l'écosystème marin local, passe par la cohabitation entre ces deux forces, moyennant certaines règles. Cela n'est manifestement pas impossible, si l'on considère que c'est ce qui a fonctionné pendant de nombreuses années, avant le développement éclair de certaines entreprises.

55. Plus qu'un mois… •

C'est le dernier mois à San Felipe, je me sens comme dans une dernière ligne droite.
Il faut que je me concentre sur ce que je n'ai pas encore compris dans le fonctionnement du port, et que je renforce ce que je crois avoir compris par des éléments tangibles. Il serait par exemple indispensable que je

puisse discuter avec Catarino, et Kali, les deux candidats qui s'affronteront lors des élections, au lendemain de mon départ.

• 56. La pêche "accidentelle" du poulpe

Ces jours-ci, nous allons presque tous les jours pêcher le mérou à la palangre. C'est loin d'être mon type de pêche préféré car c'est une pêche longue et harassante, il faut être concentré, sans aucun loisir de se perdre dans ses idées. Cela me vaut régulièrement quelques secs rappels à l'ordre du pilote, quand je l'oblige à arrêter la *lancha* en ratant un hameçon.
Le meilleur moment, c'est quand on rentre au port vers 16 h, que l'on vend le poisson à la coopérative, en se mettant de côté trois petits mérous, et qu'on va au Fraccionamiento, chez Tocho et Mimi. On met les pieds sous la table en vidant de grandes bières, pendant que Mimi nous fait frire les mérous, qu'on mange avec une salade et du piment. C'est le meilleur plat de poisson que j'aie jamais goûté.
Une chose importante à noter à propos de la palangre, c'est qu'avec cette technique, on ne pêche pas que des mérous. Outre la *pacotilla*, les petits poissons de roche qu'on peut vendre à Doña Morena, et quelques autres surprises, comme le requin dormeur que j'ai un jour remonté, et qui a failli nous emmener à l'eau – il devait peser 150 kilos, et on a dû l'attacher à une solide corde avant de le hisser à bord et de le poignarder pour qu'il arrête de se débattre et de tout casser... –, ce qu'on remonte le plus souvent en dehors du mérou... ce sont des poulpes.
Théoriquement, la saison du poulpe ne commence pas avant plusieurs mois, et il est donc rigoureusement interdit de les pêcher. Sauf que, vu le nombre de poulpes qu'on remonte à la palangre, cela suggère que leur population est abondante, et la tentation est grande de le jeter dans la glacière. Au fil des discussions, je saisis que cela est aussi lié à la frustration et au coup dur économique qu'a représenté la pêche au *pepino*. Certains petits *permisionarios* ont décidé, pour se renflouer de leurs pertes douloureuses, d'acheter le poulpe au pêcheur, même en dehors de la saison, en rentrant donc dans l'illégalité. S'ils font cela, c'est qu'ils savent où trouver des acheteurs, eux aussi dans l'illégalité complète, prêts à payer ce poulpe clandestin un très bon prix. La demande en poulpe existe donc déjà, et c'est au pêcheur de décider, à chaque poulpe qu'il remonte, s'il le relâche où s'il le cache dans un sac au fond de la glacière, pour aller le revendre en douce le soir venu.
Le fait est que beaucoup de pêcheurs cèdent à la tentation cette année, et le trafic de poulpe marche à plein régime. Les acheteurs en gros envoient des hommes de « DF » (Ciudad de Mexico), ou de Veracruz, qui arrivent en pleine nuit à San Felipe dans des énormes pick-up surpuissants, et

LA PÊCHE AU POULPE
La pêche au poulpe est celle qui rapporte le plus aux pêcheurs de San Felipe. Le poulpe du Yucatán est exporté dans le monde entier, surtout en Europe. La saison du poulpe va d'août à juillet, et il se pêche d'une manière bien particulière. Chaque pêcheur fixe un long bambou, la « jimba », à la proue et à la poupe de sa lancha, auquel il fixe des longs fils, et y attache l'appât...
L'appât : un crabe (« maxkil ») ou une tête de langouste attachée... sans hameçon !
Poulpe du Yucatán, (Octopus maya)
Ces fils de liaison permettent au pêcheur de sentir et remonter toutes ses lignes.
le fil de pêche, jaune et assez gros.
la « jimba », bambou de cinq ou six mètres.
le lancha dérive
VUE AÉRIENNE
...La lancha dérive au gré du courant, les appâts raclant le fond. Quand un poulpe attrape un appât, le pêcheur sent le fil se tendre, et le remonte doucement. Il l'attrape et lui retourne son capuchon, ce qui le tue. Le poulpe va dans la glacière, et l'appât retourne à l'eau...

repartent avant le jour. Le risque est immense, pour les pêcheurs, les *permisionarios*, et ceux qui le transportent : le journal local a titré il y a quelques jours que deux hommes contrôlés sur la route avec onze tonnes de poulpes ont été condamnés à huit ans de prison.

• 57. À Mérida, pour affaires et cadeaux

Exceptionnellement, j'accompagne Doña Morena et Don Lalo pour un voyage d'affaires à Mérida. Je n'ai pas bien compris pourquoi ils m'ont emmené, mais je le prends comme une marque de confiance, et je suis curieux de ce que nous allons faire.

L'objectif du voyage est de se rendre à la Sagarpa, l'entité fédérale responsable de la pêche dans le Yucatán. Bientôt doivent être distribuées les indemnités *Propesca*, qui sont des aides financières accordées aux pêcheurs pour s'équiper en vue de la saison du poulpe. Au regard de la désastreuse saison du *pepino*, et de celle du mérou qui ne rattrape pas grand-chose pour l'instant, la Sagarpa a fort à faire avec les revendications de tous les pêcheurs yucatèques.

Quand nous arrivons, nous sommes loin d'être les seuls, et nous croisons d'ailleurs les responsables de la coopérative des Unidos. J'en connais quelques-uns, qui m'ont vu passer à la coopérative pour vendre du poisson avec Marcial, et ils me saluent courtoisement. L'échange est plutôt frais avec Don Lalo et Doña Morena, je soupçonne qu'ils ne goûtent qu'à moitié qu'elle soit rangée derrière Catarino dans le Frente Comun, mais je n'en sais pas plus.

Je ne participe pas au rendez-vous avec le fonctionnaire, et j'attends donc assez longtemps dans le hall d'accueil, en voyant passer des pêcheurs de toute la région. Derrière des panneaux vitrés sont épinglées des listes qui détaillent les bénéficiaires du plan *Propesca*. Je retrouve des noms connus quand j'arrive à la liste concernant San Felipe, et je comprends que chaque aide financière est associée à un permis.

En rediscutant de cela avec Tocho et Marcial, je comprendrai mieux le courroux des coopératives envers les *permisionarios*, qui cumulent plusieurs aides pour eux seuls en faisant valoir plusieurs permis, alors que les coopératives doivent tirer au sort pour savoir quels seront leurs membres qui toucheront les aides cette année.

Une fois sorti de la Sagarpa, je comprends enfin pourquoi j'ai été emmené. Après s'être repue de *tacos de lechon* dans un restaurant de rue, Doña Morena m'emmène dans ce qui semble être une adresse de référence de vêtements traditionnels yucatèques. Voilà la surprise qu'ils préparaient depuis un moment. Nous achetons ensemble des chemises pour mon père, mon frère et moi, et des robes pour ma mère et mes deux sœurs, sans que je puisse discuter quoi que ce soit. Je dois juste me souvenir des tailles, sous l'œil menaçant de Doña Morena qui veut être sûre que je ne me trompe pas. En sortant, croulant sous les paquets, je suis sans voix, c'est un cadeau énorme.

58. Entretien avec Kali •

Grâce à Marcial, qui appartient donc aux Unidos et qui lui a parlé de moi et de mon travail à San Felipe, le président de la coopérative a accepté de me rendre visite pour répondre à mes questions. Tout le monde l'appelle Kali, et il est aussi le candidat du PAN pour les élections, regroupant derrière lui la majorité des fidèles des coopératives, surtout des Unidos.
Il est venu dans mon « bureau », dans le studio au-dessus de la poissonnerie de Doña Morena, de bonne heure aujourd'hui. Je lui prépare le café et commence à lui poser mes questions. C'est un homme calme, qui s'exprime doucement et avec assurance. Voilà ce qu'il me raconte ce matin-là.

Sur l'impact de la pêche au *pepino.*
« La tradition de *coopérativisme* à San Felipe a maintenant cinquante ans, et elle s'est consolidée en passant de génération en génération, les fondateurs sont maintenant tous retirés, ou vont bientôt le faire, et les coopératives existent toujours, jouant un rôle important dans l'organisation de la pêche. Elles se sont organisées en fédération de la Costa Oriente, et cette fédération a entre autres permis que les coopératives perdurent, à la différence de la Costa Poniente.
« Mais voici dix ans environ, l'ascension rapide des *permisionarios* a mis les coopératives face à une situation problématique, et toute la communauté de San Felipe a connu un déséquilibre et vu des changements. Cette ascension a été très liée à l'apparition de la pêcherie du *pepino*.
« Au tout début, cela s'est présenté comme une nouvelle pêcherie facile et lucrative pour les coopératives, répondant à la demande venant directement d'acheteurs asiatiques. Le *pepino* était abondant, et se vendait autour de 20 pesos le kilo. Quelques heures de pêche suffisaient à gagner 1 000 pesos par jour. Il fut initialement décidé de pêcher par quotas : un poids de *pepino* fixé à l'avance.
« Mais très vite, l'implication d'intermédiaires dans la vente et l'exportation du *pepino*, ajouté à la croissance de ce marché, a multiplié les opportunités de gagner beaucoup d'argent. Les *permisionarios*,

Qu'est-ce que tu veux petit, la pêche à l'époque, c'était différent...
Nous, on pêchait des chernas au moins trois fois par jour ! tu connais ça ? Des mérous tellement gros qu'il fallait se les porter à plusieurs.
Quand on ramassait un pepino, on le balançait !... et aujourd'hui, ça vaut des millions de pesos...
Moi, je pêchais le requin au filet ! Un jour, j'en ai même sorti trois d'un coup.
AGLP
On nourrissait tout le village avec notre pêche... on n'avait besoin de personne !
BROOOO
Aujourd'hui, les gens bouffent des putains de chips toute la journée...
GLING

Allez, c'est bon Feli, à demain.
Chingu su madre… on peut plus raconter une histoire tranquille ici…
Excusez-le señor. Il tient une belle cadence ici, et depuis un bout de temps… Mais c'est un sacré pêcheur, tout le monde vous le dira.
C'est juste qu'il ne comprend plus grand-chose au monde d'aujourd'hui. Et c'est peut-être mieux ainsi.

comme Catarino et ses frères, à l'époque peu développés, ont reçu des permis pour pêcher le *pepino*, et en ont profité pour gagner beaucoup d'argent grâce à cela, appuyés par les politiques. Comme la pêche était abondante, personne n'a cru nécessaire de réguler cette pêche, et elle est vite sortie de tout contrôle. Cela a eu pour résultat le développement très rapide des entreprises des *permisionarios*, telles qu'on les voit aujourd'hui à San Felipe, avec les problèmes qui y sont liés...
« Aujourd'hui la pêche au *pepino* est quasiment morte, mais ces dix dernières années ont complètement changé les rapports de force dans l'organisation de la pêche de San Felipe, et impactent maintenant toutes les autres pêcheries. »
Sur *Ordenamiento de la Pesca*, la mise en ordre de la pêche.
« Mon objectif majeur concernant la pêche, c'est l'*ordenamiento* (la "remise en ordre"). Faire en sorte que le nombre de *lanchas* corresponde au nombre de permis délivrés. Car les *permisionarios* envoient pêcher beaucoup plus de *lanchas* qu'ils ont de permis, et c'est pour moi la cause principale de la situation actuelle.
« Je ne veux pas qu'on aille au conflit, et devoir sortir les *lanchas* de l'eau de force. Je veux arriver à un accord avec eux, respecter leurs activités et proposer des alternatives, mais que la pêche se déroule dans le cadre légal. Et le point principal, pour moi, est de faire respecter le nombre de *lanchas* par permis.
« Ensuite, il faudrait voir à ce que tout le monde s'aligne sur les exigences de taille, de poids et de saison de capture. On sait bien que beaucoup de pêcheurs des *permisionarios* ne les respectent pas, et cela n'est pas contrôlé.
« Enfin, il faut que les arrivées des pêcheurs d'autres régions soient mieux régulées, et que les *permisionarios* se portent responsables de leurs employés. »

Sur la vision pour le futur.
« Il est impératif d'envisager que la pêche ne subvienne plus encore très longtemps aux besoins de tous, surtout avec ces nouveaux arrivants. Il est donc important de développer le tourisme, de manière moins conformiste que l'activité actuelle. Et pour cela, il faut redonner son attractivité au port, qui s'est perdue dans les dernières années, à cause d'un grand manque d'initiative de la part de la municipalité : aucun soin et rénovation des maisons de bois, pas d'entretien du *malecón*...
« Il faut aussi sérieusement réfléchir au problème du logement : beaucoup de jeunes couples n'ont pas de maisons pour vivre, et la géographie de San Felipe, au milieu des mangroves, ne permet pas une extension rapide et facile. »

Sur les relations avec les acheteurs.
« La relation des coopératives avec l'Atlantida a l'avantage d'être construite sur des années de travail, et cela établit une confiance réciproque. Cela se traduit par exemple dans la manière qu'a l'Atlantida de guider les pêcheurs dans leurs pratiques, pour que le produit soit de bonne qualité, et reste concurrentiel sur le marché mondial. Il faut faire perdurer cette relation, bénéfique pour le port.
« Les *permisionarios* travaillent avec d'autres acheteurs, qui n'ont pas cette relation historique avec San Felipe. »

Sur les préoccupations des gens
« Ces derniers mois, je suis passé dans les maisons des gens de San Felipe, pour parler avec eux, et recueillir leurs impressions. Et de ce que j'ai entendu, je peux identifier trois grands thèmes :
- La santé. Le niveau de la santé dans le port pourrait être amélioré, et cela dépend surtout de la gouvernance de l'État qui doit nous envoyer des médicaments, développer le centre de santé de San Felipe. Aujourd'hui pour n'importe quel problème de santé un peu sérieux, il faut voyager jusqu'à Tízimin (une heure de route), ou même Mérida (trois heures).
- La sécurité. Les gens de San Felipe sont très attachés au sentiment de tranquillité, de sécurité, de calme, et cela se comprend bien dans un pays violent comme le nôtre. Tout cela est compromis par l'augmentation de

• Don Bolom, tisseur de hamacs à San Felipe.

la population du port, l'arrivée d'étrangers, des hommes seuls avec une autre mentalité. Cela pose des problèmes parfois dans la rue, pour les femmes, les enfants...
- Les problèmes financiers. Bien que le port se développe, beaucoup se plaignent d'avoir de plus en plus de difficultés financières dans leur vie quotidienne. La pêche est plus difficile et rapporte moins aux familles, les prix sont plus hauts, et il me semble que les inégalités se développent : il y en a quelques-uns qui deviennent très riches, et un bon nombre d'autres qui deviennent plus pauvres.
« Je suis conscient que la faute n'est pas à mettre juste sur les épaules des nouveaux venus dans le port. Elle est à mettre sur celles de quelques-uns qui influencent l'organisation de la pêche, et créent cette situation.
« Le problème central, le voilà : l'ambition personnelle de s'enrichir.
« Il faut éviter d'arriver à une réaction de la communauté comme il y en a déjà eu : les incidents avec le village voisin de Dzilam de Bravo, la fermeture du port pendant la saison du *pepino*... Mais si rien n'est fait pour améliorer la situation, c'est ce qui risque d'arriver. »

Sur l'entente entre les coopératives
« Je ne suis pas un fanatique de la politique. Je n'ai même jamais vraiment été très politisé avant cette campagne. Mais il s'agit là avant tout de défendre les intérêts de la communauté, et je me présente avec le PAN car le PRI est devenu le parti des *permisionarios*. Les Legitimos, qui sont traditionnellement

des Pristas (partisans du PRI), sont alignés sur mes positions quant à la pêche, et nos deux coopératives s'entendent aujourd'hui parfaitement et sont en accord. Est-ce qu'ils sont capables de voter PAN ? Voilà peut-être le point sur lequel vont se jouer l'élection et le futur de San Felipe.

59. Entretien avec Catarino •

Quelques jours après mon échange avec Kali, et encore une fois grâce à Doña Morena, j'ai pu m'entretenir aussi longuement avec Catarino. Comme je l'ai bien compris, ce n'est pas lui le candidat officiel du PRI, mais c'est tout comme. Sa belle-sœur Juana est le visage que l'on voit sur les affiches de sa campagne à lui, « Cata ».

Doña Morena lui a glissé quelques mots à propos de moi, et je suis sûr qu'il savait déjà plus ou moins qui j'étais et ce que je faisais là. En nous croisant devant la poissonnerie, je lui ai demandé s'il aurait un moment à m'accorder et il semblait s'y attendre ; il m'a invité pour le café à 7 h le lendemain, en face, chez son père Don Choch.

De bonne heure le lendemain, assis dans un hamac, le café brûlant juste servi, voilà ce qu'il me raconte à son tour.

Sur l'organisation des *permisionarios*.

« Les *permisionarios* de la Costa Oriente sont organisés en un groupe, le Frente Unido, qui est en fait une "société intégrée", dans le sens où elle regroupe des sociétés avec différentes activités, en mer et sur la terre. En effet, mes entreprises et celles de mes frères ont des activités variées, de pêche mais aussi de production rurale : bétail et agriculture.

« Cette organisation du Frente Unido nous permet d'avoir plus de poids économique et surtout politique dans les relations avec les acteurs extérieurs : le gouvernement, les acheteurs…

« Chaque entreprise est dirigée par un patron, qui est libre et autonome dans ses décisions, mais accepte tout de même de se conformer aux plans décidés par le Frente Unido, notamment pour ce qui est des décisions sur les prix ou les contrats avec les acheteurs. »

Sur le futur de la pêche.

« Je ne crois pas qu'il y ait de réel déclin de la pêche, comme le répètent certains. Cette année est particulièrement mauvaise, c'est sûr, mais cela ne veut pas dire pour autant qu'il faudrait tout changer à notre pêche.

Les productions basses pour tout le monde cette année sont dues à de mauvaises conditions météo, et tout le monde en souffre pareillement.
« Je ne peux pas ne pas citer les irrégularités dont sont responsables les coopératives, qui sortent des poulpes en plongeant, ce qui est interdit.
« Enfin, il n'y a pas à craindre un effondrement soudain de la pêche, je n'y crois pas. On peut continuer comme on le fait déjà, en suivant les lois qui existent, et qui assurent le respect envers notre environnement. »

Sur le *pepino*
« Tout ce qui s'est passé autour du *pepino* cette année, la fermeture du passage vers la mer et les pertes qui y sont liées, tout est dû à une mauvaise gestion des *directivos* des coopératives. Ils n'ont pas su trouver des acheteurs à temps, et au lieu d'assumer leurs erreurs, et de venir dialoguer, ils ont décidé de tout fermer pour tout le monde. Ce genre d'actions est contre l'état de droit, et ne devrait jamais avoir lieu.
« Au final, c'est grâce à moi que la situation s'est désamorcée : j'ai demandé à l'un des quatre acheteurs du Frente Unido de payer aussi le produit des coopératives. La pêche s'est ensuite révélée très mauvaise à cause du temps et, en plus, on avait perdu une journée entière de très beau temps avec ce blocage.
« Bien sûr, le *pepino* diminue, car c'est très facile de le pêcher. Mais il n'y a pas d'autres solutions que de le pêcher tant qu'il y en a car, croyez-moi, si on ne le fait pas, d'autres viendront d'ailleurs pour ramasser le *pepino* de San Felipe. »

Sur l'enjeu du tourisme
« Il faut développer à fond le tourisme, et cela peut soulager la pêche quand elle ne donne pas assez. C'est ce qu'ils font à Río Lagartos. Pour cela, j'ai plusieurs idées : ouvrir un canal dans la mangrove pour aller plus vite aux Coloradas depuis San Felipe, et attirer des touristes qui vont à Río Lagartos pour cela ; construire une esplanade touristique à l'*ojo-de-agua* de Kambulnah, et développer une société de tourisme de San Felipe. »

Sur le protectionnisme
« Il est hors de question de laisser un investisseur étranger à San Felipe entrer dans le Frente Unido. Même si ce modèle est celui d'entreprises libérales ouvertes au marché, les patrons du Frente Unido sont liés par de fortes relations, qui nous permettent de mieux discuter. Et nous sommes conscients que même si nous commençons à avoir de bons moyens à investir dans nos activités, des investisseurs étrangers seraient très vite capables de prendre la main. Plusieurs offres ont déjà été refusées, des Coréens, des Irlandais… qui, par exemple, m'avaient proposé de nous payer une nouvelle usine de congélation, à San Felipe ! Mais non, même si cela veut dire un développement plus lent, on a refusé. »

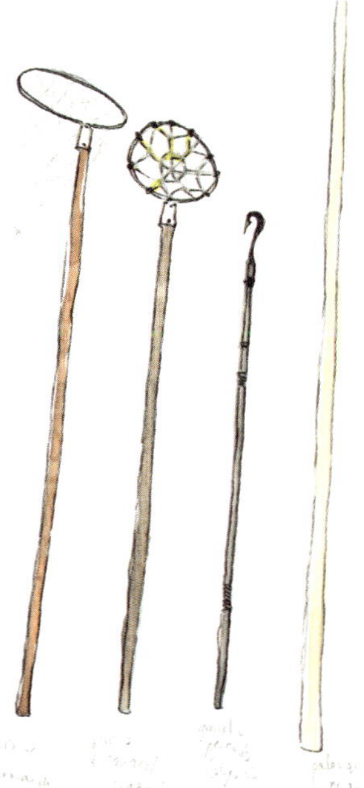

• Telex et ses vannes douteuses…

• Chikiss.

Sur un nouveau modèle plus performant.
« En fait, il n'est plus possible que les coopératives se considèrent comme les autorités suprêmes de la pêche à San Felipe, et donc de la vie du port. Elles l'ont été pendant quarante ans, mais aujourd'hui se développe ce nouveau modèle d'entreprises unies entre elles, avec le Frente Unido, et elles aussi ont voix au chapitre. Voilà d'où viennent les conflits dans la gestion de la pêche. Et le problème principal, c'est que ce nouveau modèle est plus performant que les vieilles coopératives, c'est un fait, les chiffres le prouvent tous les jours.
« Ce modèle produit plus, il exporte plus facilement son produit et génère plus d'argent, il travaille mieux et donne plus d'emplois à plus de gens, il fait beaucoup plus pour le développement de San Felipe. Il est plus adapté aux acteurs extérieurs, qui sont de plus en plus importants dans notre époque, et voilà toutes les raisons qui justifient que ce modèle soit mieux subventionné par l'État.

- 60. Les élections approchent

C'est la dernière ligne droite avant les élections, et cela a pris le pas sur les autres actualités à San Felipe. Tous les trois jours, il y a un événement d'un des partis : *caminatas* (défilés), *mitin* (meeting, ou plutôt un discours du candidat), le but étant de faire le plus de bruit possible et de passer dans toutes les rues du port avec le mégaphone. C'est drôle au début, mais légèrement irritant une fois qu'on l'a vu et entendu plus d'une dizaine de fois.
Les gens sont presque tout le temps vêtus de t-shirts colorés aux noms de leur parti, de leur candidat et leur slogan : « *San Felipe Primero* » (San Felipe en premier) pour le PRI, « *San Felipe Merece Mas* » (San Felipe mérite plus) pour le PAN.
Cela reste bon enfant, mais on sent quand même une certaine tension, notamment dans les familles où les avis divergent, comme celle dans laquelle je vis.
Tout cela m'évoque un air d'avant-match de foot, comme si un derby très attendu et historique allait avoir lieu. Les idées politiques de chaque parti semblent assez loin des préoccupations, il s'agit surtout d'occuper le terrain et de chanter plus fort que ceux d'en face.

- 61. *Dia de la Marina*

Le *Dia de la Marina* est arrivé. C'est peut-être la plus belle fête et la plus importante de l'année.
Vers midi, on embarque dans la *lancha* de Tocho avec Mimi, Jimena et Jairo. On a accroché des rubans de couleurs sur le bateau et, en sortant du port, je reste bouche bée : toutes les *lanchas* sortent en même temps,

décorées (la plupart bien mieux que la nôtre), pleines de couleurs et remplies à craquer avec les femmes et les enfants des pêcheurs. Les gens se hèlent et rigolent, de *lancha* en *lancha*, et nous traversons la mangrove au ralenti, à touche-touche avec les autres. Une fois en mer, la procession s'éloigne pendant une dizaine de minutes vers le large. Puis un signal est donné, et les *lanchas* s'espacent, laissant au milieu d'elles une zone de

• *Dia de la Marina*, la reine vient de jeter sa couronne de fleurs à la mer.

mer dégagée, dans laquelle s'avance une *lancha* particulièrement fleurie d'où s'échappe du *reggaeton* lancé à fond. Debout à l'avant, une fille tout habillée en blanc, comme une mariée, rayonne et tient une grande couronne de fleurs. C'est la « *Reina de la Marina* », qui a gagné cette année

cette élection de miss très suivie à San Felipe. Elle lance la couronne dans l'eau, et alors tout le monde applaudit, puis les embarcations se mettent à tourner en rond autour de la couronne qui flotte et dérive sur les vagues. Cela dure assez longtemps, c'est un spectacle vraiment à part. Enfin, la couronne finit par couler, alors on rentre vers le port. Pendant ce temps, nous avons bien entamé l'apéro avec Mimi, et Jairo et Jimena sont surexcités. Une fois à quai, d'immenses chapiteaux ont été dressés sur le *malecón*, face aux coopératives, abritant des dizaines de tables en plastique blanc.
Sans même repasser par la maison, on va s'installer, et on s'achète des bières, des grillades, des ceviches et une bonne quantité de chips de toutes sortes. C'est le début de l'après-midi et la fête est bien lancée, la musique à fond. Tocho et Marcial me font un cadeau qui me touche vraiment : chacun m'offre un t-shirt de sa coopérative, spécialement fait pour ce jour du *Dia de la Marina*. Tous les pêcheurs des coopératives le portent aujourd'hui. Je suis embêté car je ne sais pas lequel mettre, et j'alterne donc plusieurs fois dans l'après-midi, ce qui devait sembler un peu idiot.
Il y a quelques discours qu'on n'écoute pas vraiment, d'autant plus qu'Andrea, la *Reina de la Marina*, est passée à côté de nous et Tocho lui a tout de suite pris la main pour lui donner la mienne et prendre des photos. Cela amuse beaucoup tout le monde autour, et le petit Jairo en est tellement ému qu'il est pris d'une crise de rots, ce qui finit de mettre les gens par terre de rire. Andrea est très gentille et on échange quelques mots, elle m'invite à danser, mais plus tard, car elle doit encore saluer beaucoup de gens, et ça m'arrange pas mal.
L'après-midi avance, et les canettes de bières s'empilent, on finit par se lever, un groupe de pêcheurs-musiciens a pris les micros. À partir de là, les souvenirs s'emmêlent de plus en plus, avant même que le soleil ne soit couché. Je finirai la soirée avec Chikiss, les Cherecas, et d'autres jeunes pêcheurs, pour de grandes déclarations et des promesses bienheureuses oubliées avant même d'être entendues.

- 62. Pêche au *lanceo*

La nuit dernière, j'ai pu enfin découvrir un nouveau genre de pêche, qui m'intriguait depuis longtemps. Le *lanceo*.
C'est Don Jerome, le grand frère de Cotiço, qui a proposé de m'emmener. C'est un homme robuste, fier, aux cheveux argentés et à l'humour tranchant. C'est par lui que j'ai appris que ce style de pêche est assez remarquable, car il est très difficile et demande une sorte de sixième sens que peu de pêcheurs se targuent d'avoir à San Felipe. Ils ne sont que cinq ou six à partir au *lanceo*.

Voilà comment cela se passe. On part à la nuit tombante, juste quand le soleil a passé l'horizon. Nous sommes trois, car je viens en spectateur, mais normalement il faut être deux : le barreur et l'équipier positionné tout à l'avant de la *lancha*. C'est un modèle spécial de *lancha* : très fine, très plate et équipée d'un moteur plus puissant que la moyenne ; elle est faite pour pouvoir accélérer très vite et quasiment voler sur l'eau. Tout le long de la *lancha* s'étend un long filet, replié sur lui-même avec minutie qui, à son extrémité, est lesté par un poids, que tient dans la main l'équipier à l'avant.

On navigue au ralenti, en longeant la mangrove, un peu à l'ouest du port, dans une obscurité devenue presque totale. L'eau est tout à fait lisse et immobile. Je me tiens complètement silencieux, comme Don Jerome, debout à la barre, et son équipier, accroupi à la pointe du bateau, tenant le poids attaché au filet. Ils scrutent le noir de l'eau autour, sans aucune lampe. Au bout d'un moment, je crois voir des taches de lumière sous l'eau, et je me dis que mes yeux me jouent des tours d'avoir trop regardé l'obscurité, jusqu'à ce que Don Jerome lâche : « *Raya* » (raie), devant une tache très large sous le bateau.

Alors je comprends d'un coup, en me souvenant d'un cours là-dessus : dans ces eaux chaudes, le plancton en suspension accumule de l'énergie en étant exposé au soleil la journée et, la nuit, si l'eau est calme et immobile, cette énergie ressort en luminescence quand le plancton est agité, par le mouvement d'un poisson par exemple.

« Nous on cherche les *picudas*, elles démarrent d'un seul coup et nagent en ligne cassée, en faisant des virages à angle droit ». Voilà la réponse à ma question.

Ayant compris ce qu'on devait observer, je suis stupéfait de découvrir cette technique de pêche à nulle autre pareille, on dirait un jeu vidéo. Des taches de lumières blanches s'allument et s'éteignent, des traînées brillantes déchirent l'eau, exactement comme des étoiles filantes dans un ciel noir. Et on avance toujours lentement, sans une parole.

Soudain, une trace de lumière démarre sous la *lancha*, partant à la perpendiculaire de notre cap, je la suis des yeux et elle oblique d'un seul coup, s'éloignant comme un éclair. Un énorme coup d'accélérateur et le rugissement furieux du moteur déchire le presque silence, c'est le signal : L'équipier lâche le poids dans l'eau, « Attention au filet », me hurle Don Jerome, qui a lancé la *lancha* sur l'eau de toute la vitesse dont elle est capable. Il pousse la barre et le bateau se couche sur un flanc, et nous dessinons un grand cercle, le filet sautant à l'eau en faisant des allers-retours sur lui-même. Le but est d'emprisonner ces éclairs de lumière dans le cercle que nous traçons, dans le filet. Une fois le cercle bouclé, le moteur est coupé, et les pêcheurs commencent aussitôt à remonter le filet à grands gestes. Je les observe fasciné retirer toutes sortes de poissons surpris dans

• Pêche au *lanceo*.

leurs affaires nocturnes, et les rejeter à la mer. Jusqu'à ce que de l'eau sorte un très long poisson se débattant furieusement. Ils ralentissent alors et l'attrapent avec précautions : la *picuda*, le barracuda, c'était lui l'éclair de lumière sous l'eau. On le balance dans la caisse et je vois ses longues dents effilées qui sortent de sa bouche même fermée. Il est beaucoup plus gros que ceux que j'ai déjà pêchés avec Tocho, à la traîne en plein jour. C'est l'objectif du *lanceo* : attraper les gros carnassiers nocturnes.
On répétera cette opération cinq ou six fois, pour au final sortir trois autres *picudas*, mais tous plus petits que le premier. « Pas une super journée », dit Don Jerome, il est presque 2h du matin. On rentre en silence au port, et il y a sur le quai des clients qui attendent pour cette pêche nocturne... Les poissons sont vendus en un tour de main, et je file me coucher. Peut-être pas une très bonne journée pour Don Jerome, mais une des meilleures nuits ici pour moi, ravi d'avoir découvert cette pêche presque magique.

63. À quoi servent les étudiants ? •

« Mais tout ce que tu écris, là, ça va sortir quelque part ? Dans quel journal ? »
« Tu vas nous l'envoyer, ta thèse ? »
« Et ça va changer quoi, pour ici, dans la vie du port ? »
Des questions de ce genre, j'en ai eues beaucoup au début, à mon arrivée à San Felipe, puis elles ont disparu, lorsque les gens se sont habitués à moi. Maintenant que mon départ est proche, dans moins d'une semaine, elles ressortent. Je sens avec elles un peu d'ironie, un peu d'amertume.
Je suis la quatrième personne venant à San Felipe pour accomplir un travail de recherche scientifique. Le quatrième *biólogo*, comme ils appellent tous ceux qui viennent étudier quelque chose sur leur mer, sur leur port ou sur leur pêche.
Je n'avais pas prévu ce sentiment étrange, qui ressemble bien à de la culpabilité : j'ai presque fini mon temps ici, et si d'un côté je redoute les adieux à la famille, et aux gens de San Felipe avec lesquels je me suis lié, de l'autre je suis très impatient de sauter dans l'avion pour revoir mes amis, et aller raconter cette incroyable aventure.
Une fois rentré en France, j'aurai trois semaines libres en plein mois de juin. Je n'aurai qu'à finir de rédiger mon mémoire qui est déjà pas mal avancé, ce sera la Coupe du monde de football, les bars et les nuits d'été. En juillet, j'irai à Ostende, sur la côte de la mer du Nord en Belgique, où je retrouverai mes camarades du master de biodiversité marine, et je soutiendrai mon mémoire devant un jury de professeurs.
Pendant ce temps, à San Felipe, Doña Morena et sa famille continueront à pêcher, à travailler à la poissonnerie, à se retrouver en famille le dimanche,

et à faire toutes ces choses auxquelles je me suis habitué auprès d'eux, et auxquelles je suis maintenant tout à fait intégré. J'ai réalisé pleinement à quel point j'étais intégré quand Doña Morena et Don Lalo, qui savaient que j'avais dansé avec une lointaine cousine au *Dia de la Marina*, m'ont demandé très sérieusement si je ne voulais pas la demander en mariage, et puis m'installer ici.

Nos vies sont tellement différentes. Et comme me l'a fait remarquer Don Lalo : « Toi tu peux venir, et vivre notre vie pendant un temps. Nous, nous n'irons jamais chez toi, pour vivre un peu ta vie. Ce n'est pas symétrique. » Il a parfaitement raison, ce n'est pas symétrique. Les étudiants occidentaux d'aujourd'hui ont sillonné le monde avant d'avoir fini leur formation. Cela nous rend sans aucun doute plus ouverts, plus cultivés, plus humains. En échange, que laisse-t-on dans les endroits qui sont nos « terrains d'études », que donne-t-on aux gens qui nous accueillent et nous permettent de découvrir leurs vies, nous ouvrent leurs portes et répondent à toutes nos questions, nous permettant ainsi de réaliser un travail scientifique de qualité ? En ce qui me concerne, je pense que je laisserai des bons souvenirs, et des amitiés qui dureront peut-être jusqu'à ce que je revienne – mais l'expérience des voyages antérieurs montre bien que je reviens rarement. Ce n'est pas assez, ce n'est pas « symétrique » du tout.

L'objectif de cette note n'est pas de culpabiliser, mais de souligner qu'il y a un quelque chose qui cloche dans ce système. On pourrait être mieux préparés, plus avertis de cette question des relations avec les populations, même si on part étudier les poissons ou les algues. La question de la restitution est cruciale également : comme le montrent bien les questions citées au début, les gens se demandent ce qui va ressortir d'un long travail de recherche mené chez eux, avec eux, mais ils n'en voient jamais le résultat, ils ne savent même pas quelle forme il prendra… Un livre ? Un film ? Un journal ?

Pour reprendre mon exemple, mon mémoire fera aux alentours de 50 pages, écrites en anglais[7]. Après l'avoir soutenu devant un jury pendant une présentation de vingt minutes, il sera lu en détail par un autre jury de professeurs d'universités de Belgique, de France et du Portugal. Ces professeurs se mettront d'accord pour donner une note entre 0 et 20, puis le mémoire sera imprimé au moins en un exemplaire et archivé quelque part à l'université de Gand. Si je voulais me lancer dans ce combat acharné – ce que je ne ferai pas –, je pourrais tenter de le faire publier dans une revue scientifique. J'aurais très peu de chances,

7. Je déciderai, une fois parti, de l'écrire aussi en espagnol et leur enverrai une fois terminé.

• Fête des enfants.

mais imaginons que j'y arrive, j'aurais alors touché au Graal, à la réussite ultime pour un étudiant diplômé d'un mémoire en biodiversité marine. Et il faudrait alors que je résume mes observations à San Felipe en deux pages dans un langage ultra-technique, jargonneux et totalement incompréhensible pour un non-initié, pour finalement être publié dans un journal lu par une poignée de personnes dans le monde.
Dans un moment comme celui-ci, où le départ imminent invite à des questionnements profonds, il y a de quoi douter du sens de ce travail de recherche, ou se questionner sur les bienfaits que peut avoir pour les autres un étudiant occidental, parti en exploration à l'autre bout du monde.

• 64. Les enfants

Je m'en vais demain, et la principale épreuve de ce voyage se dresse devant moi, sans que je l'aie vue venir : dire aux enfants que je m'en vais. Jairo et Jimena, Gretel et Yara, José et Pico. Il faut leur rendre un hommage particulier, car ce sont eux qui m'ont littéralement pris par la main et fait rentrer dans la vie de la famille initialement. Ils étaient curieux, et sans cette curiosité à laquelle j'étais enchanté de répondre, j'aurais mis beaucoup plus de temps à gagner la confiance des adultes. Ils m'ont aussi énormément appris, peut-être pas sur la pêche et ses enjeux, mais sur la vie à San Felipe, sur ce qui fait le bonheur et les raisons de vivre des gens d'ici, et aussi, sur ce qui leur fait peur, ou ce qui les rend tristes. Les préoccupations des enfants sont souvent reléguées après celles des adultes quand on s'intéresse à la vie d'une communauté, alors que je suis maintenant persuadé qu'elles disent des choses essentielles.
Mais aujourd'hui, j'ai dû leur expliquer que je m'en allais, pour de vrai, pour de bon. Que je ne savais pas quand j'allais revenir, peut-être dans un an ou deux, en tout cas je l'espérais. Il y a eu quelques pleurs pour Jimena, quand elle a compris que je serais parti pour vraiment longtemps. Mais Jairo, Yara, les plus petits, ne voient pas où je pourrais aller ailleurs sans revenir. Je n'ai pas trop insisté ; demain, je leur dirai au revoir normalement, pourquoi vouloir leur imposer le côté dramatique des adieux ? Au fond, c'est surtout moi qui suis bouleversé, car je m'étais habitué à leur présence et leur joie constante, leurs bêtises, leurs cris, leurs jeux, et je sais que si je reviens un jour, ils auront grandi et ne seront plus des enfants.

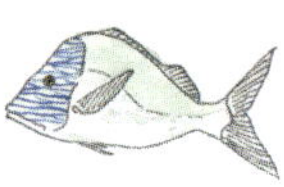

• 65. Le dernier jour à San Felipe

Je l'avais annoncé depuis longtemps : pour mon départ je payerai mon *carnero* pour toute la famille. On est donc allé l'acheter à Panaba avec Don Lalo et Tocho : un grand sac rempli d'une chèvre découpée en petits morceaux, prêts à griller.
Le car pour Mérida part ce soir, c'est notre dernier jour ensemble. Pour l'occasion, Doña Morena a décidé qu'on ne travaillerait pas. Toute la famille est invitée dans mon petit appartement au-dessus de la poissonnerie. On fait griller la viande, et on mange tranquillement en discutant pendant une bonne partie de l'après-midi. Je montre à tout le monde les dessins que j'ai fait pendant les mois que j'ai passé ici, les enfants jouent autour comme des fous. Rebecca et Mimi ont commandé un énorme gâteau, avec un glaçage spécial à mon nom, qu'on mange en dessert après avoir pris des photos autour tous ensemble. Certains amis de San Felipe passent pour dire au revoir et partager un peu du repas.
Doña Morena propose alors d'aller sur la plage après les Coloradas, et nous

voilà tous entassés dans une voiture et dans la fourgonnette, où je grimpe avec Tocho et Jimena. On prend des photos en faisant des grimaces, et je regarde défiler la mangrove autour de nous, les marais salants pleins de flamants roses, et de l'autre côté, la mer. Une fois arrivés sur une immense plage déserte et magnifique, on s'assoit sur le sable en regardant les enfants qui vont se jeter dans les vagues, au comble du bonheur. Ils sortent tous en hurlant après avoir vu à une dizaine de mètres ce qu'ils ont pris pour un aileron de requin. En y regardant attentivement, on voit en effet des sortes d'ailes noires sortir de l'eau et battre dans l'écume des vagues. Ce sont des tortues, qui s'accouplent. Cela fait beaucoup rire les petits, et on assiste à ce spectacle très rare, le soleil commençant à tomber sur l'horizon.
Quand il a tout à fait disparu, on remonte dans les voitures. Jimena s'endort entre Tocho et moi, et ce doit être pareil dans l'autre voiture. La nuit est tombée quand on arrive à San Felipe. Tocho me pose devant la poissonnerie, on se promet encore une fois qu'on se reverra vite. Je n'ai pas le cœur de réveiller Jimena, et je monte boucler mon sac.
Doña Morena et Don Lalo me rejoignent ensemble dans mon appartement, et se posent avec moi pour l'heure qui reste avant d'aller prendre le car. Ils me demandent de me joindre à eux pour une petite prière, dans laquelle ils me confient à Dieu, ainsi que ma famille en France, et la famille de San Felipe. Je les remercie, encore et encore, mais tout a déjà été dit.
J'aurais aimé rester coincé plus longtemps dans cette journée à part.
Puis c'est l'heure, je descends les marches de la poissonnerie, je les embrasse une dernière fois, et mon sac sur l'épaule, je traverse les rues de San Felipe et leurs petites maisons de bois, dans la nuit, et je m'en vais, comme je suis arrivé.

Remerciements :

À ma famille de San Felipe, que j'espère revoir bientôt,

À ma famille tout court, toujours là derrière moi, à mes amis, à tout ceux qui m'ont relu, conseillé, écouté et soutenu. Il fallait que je l'écrive quelque part dans ce premier livre : vous êtes précieux.

À ceux qui m'ont inspiré, et m'ont donné envie de dessiner.

À Xavier, pour m'avoir fait confiance.

À Frite, ce livre lui est dédié.

ELYTIS bénéficie du soutien du
Conseil Régional de La Nouvelle-Aquitaine.

Achevé d'imprimer en octobre 2022,
sur les presses de l'imprimerie Jelgavas,
en Lettonie, pour le compte des éditions
ELYTIS.

Dépôt légal : novembre 2022.